Student Activities

¡Hola, amigos!

EIGHTH EDITION

Ana C. Jarvis
Chandler-Gilbert Community College

Raquel Lebredo
California Baptist University

CENGAGE

Australia • Brazil • Mexico • Singapore • United Kingdom • United States

For product information and technology assistance, contact us at **Cengage Customer & Sales Support, 1-800-354-9706 or support.cengage.com.**

For permission to use material from this text or product, submit all requests online at **www.cengage.com/ permissions.**

ISBN-13: 978-1-133-95219-0
ISBN-10: 1-133-95219-4

Cengage
20 Channel Street
Boston, MA 02210
USA

Cengage Learning is a leading provider of customized learning solutions with office locations around the globe, including Singapore, the United Kingdom, Australia, Mexico, Brazil, and Japan. Locate your local office at: **www.cengage.com/global**

Cengage products are represented in Canada by Nelson Education, Ltd.

To learn more about Cengage platforms and services, register or access your online learning solution, or purchase materials for your course, visit **www.cengage.com.**

Printed at CLDPC, USA, 02-19

Contents

To the Instructor

The *Student Activities Manual (SAM),* consisting of Workbook Activities and Listening Activities, is a fully integrated component of *¡Hola, amigos!,* Eighth Edition, a complete introductory Spanish program for the college level. The Workbook Activities and Listening Activities sections reinforce the grammar, vocabulary, and cultural information presented in the *¡Hola, amigos!* core text and help students to develop their listening, speaking, reading, and writing skills.

The organization of the *SAM* is correlated to the student text. The Workbook Activities and Listening Activities sections provide activities for the new Preliminary lesson and fourteen textbook lessons. At the beginning of the Listening Activities section in each lesson, an *Introduction to Spanish Sounds* is recorded, which assists students in making the connections between sounds and letters needed in order to pronounce Spanish correctly.

NEW TO THE EIGHTH EDITION

The Workbook Activities and Listening Activities have been revised to reflect the changes in the textbook's organization and content. Some activities have been rewritten with a tighter contextualization, to better support and prepare students.

THE WORKBOOK ACTIVITIES

The *Para practicar* section of the Workbook offers a variety of writing activities—sentence completion, matching, fill-in charts, sentence transformation, and illustration-based exercises—that provide further practice and reinforcement of concepts presented in the textbook. Each lesson also includes either a crossword puzzle or another type of exercise for vocabulary review, a reading comprehension passage, and a writing skill development section.

Each Workbook lesson features a section titled *Para leer,* consisting of an authentic reading that reenters the vocabulary and grammar of the textbook lesson, followed by questions to test reading comprehension. Each lesson also features a section titled *Para escribir,* which presents a writing topic related to the theme of the textbook lesson and includes strategies to help develop writing skills. Each even-numbered lesson concludes with *Sobre el mundo hispánico,* a feature that revisits the cultural notions presented in the corresponding section of the textbook and checks students' comprehension in writing.

THE LISTENING ACTIVITIES

The Listening Activities accompany the *SAM* Audio Program of *¡Hola, amigos!,* Eighth Edition, and open with an *Introduction to Spanish Sounds* designed to make learners aware of the differences between Spanish and English pronunciation. Each lesson features pronunciation, structure, listening-and-speaking practice, illustration-based listening comprehension, and dictation exercises to be used in conjunction with the audio program. Complete audioscript and answer keys are available on the PowerLecture: Instructor Resource CD-ROM and on the instructor website for further support.

The Listening Activities provide listening, speaking, and writing practice for each lesson under the following headings.

Pronunciación: Practice of the sounds presented in each textbook lesson is featured through Lesson 7. Thereafter, general pronunciation and intonation practice is provided. Words, phrases, and sentences using vocabulary from the textbook lessons are read with pauses for student repetition.

Diálogos / Preguntas y respuestas: The dialogues from the textbook are recorded for student repetition. These are followed by questions that verify comprehension and provide oral practice.

Puntos para recordar: A set of three to eight exercises, covering each grammar topic presented in the textbook, provide listening and speaking practice and test mastery of the grammar topics introduced in each lesson. Models for these exercises are printed in the Listening Activities pages. For easier navigation, activity titles reflecting the grammar topic at hand have been added.

Díganos: Questions related to students' own lives reinforce the lesson theme and provide additional listening and speaking.

Ejercicios de comprensión: A multiple-choice, illustration-based listening comprehension exercise that draws on the topics and vocabulary covered in each lesson is followed by an exercise consisting of a series of statements that students must confirm or refute based on their understanding of key vocabulary and ideas from the lesson.

Para escuchar y escribir: A dictation topically and structurally connected to the textbook lesson concludes each lab session.

A complete answer key for all written and oral exercises is available in print for packaging with student materials at your discretion.

SAM AUDIO PROGRAM

The *SAM* Audio Program provides approximately thirty to forty minutes per lesson of exercises recorded by native speakers. Each lesson begins with a pronunciation exercise, then the textbook dialogues appear as listening and pronunciation exercises in each lesson; they are dramatized once at natural speed. They are followed by comprehension questions on the dialogues, structured grammar exercises (one for each point in the lesson), a listening comprehension activity, and a dictation. Answers to all exercises are provided as part of the Audio Program.

The *Student Activities Manual* is an integral part of the *¡Hola, amigos!,* Eighth Edition, program. Students who use it consistently will find the *SAM* and the *SAM* Audio Program of great assistance in forming the associations of sound, syntax, and meaning needed for effective communication in Spanish and for meaningful cultural understanding.

We would like to hear your comments on *¡Hola, amigos!,* Eighth Edition, and on this *Student Activities Manual.* Reports of your experiences using this program would be of great interest and value to us. Please write to us c/o Heinle Cengage Learning, World Languages, 20 Channel Center Street, Sixth floor, Boston, MA 02210.

Ana C. Jarvis
Raquel Lebredo

To the Student

This *Student Activities Manual (SAM)* for *¡Hola, amigos!,* Eighth Edition, is designed to reinforce the new material presented in each textbook lesson and provide practice in the skills you will need to acquire to communicate effectively in Spanish.

To use this integral component of the *¡Hola, amigos!* program to best advantage, it is important that you understand its organization. The Workbook Activities and Listening Activities sections provide activities for the new Preliminary lesson and the fourteen textbook lessons. The Listening Activities section begins with an *Introduction to Spanish Sounds* that will teach you the sound system of the Spanish language and help you to associate these sounds with the letters that represent them.

THE WORKBOOK ACTIVITIES

The Workbook Activities will help to develop your reading and writing skills by providing practice in using the structures and vocabulary from the textbook. The activities in the *Para practicar* section range from fill-ins and sentence completion to more complex tasks, such as writing original sentences and short paragraphs. A crossword puzzle or a special activity in each lesson offers a vocabulary control check and an opportunity to test your spelling abilities. Each Workbook lesson includes a *Para leer* reading, in which key lesson vocabulary and structures reappear in a new context, followed by questions to check comprehension. Each lesson includes a *Para escribir* writing task that presents a topic related to the theme of the lesson and writing tips or strategies to help you develop your writing skills.

THE LISTENING ACTIVITIES

The Listening Activities, intended for use with the *SAM* Audio Program for the Eighth Edition of *¡Hola, amigos!,* emphasize listening and speaking skills. The following sections are included for each textbook lesson.

Pronunciación: Words, phrases, and sentences that practice particular sounds or general pronunciation and intonation are read with pauses for you to repeat what you hear.

Diálogos: The dialogues or e-mail from the textbook lesson are read for you to pause and repeat. Listen to the dialogues twice. During the first reading, you should listen carefully to the speakers' pronunciation and to the rise and fall of the pitch in their voices. As you listen for a second time, pause the audio after each sentence and repeat after the speaker.

Preguntas y respuestas: These listening comprehension questions will help you to verify your understanding of the dialogues. Check your responses carefully against those provided.

Puntos para recordar: These exercises provide listening and speaking practice and test your mastery of the grammar topics presented in each lesson. A model for each exercise in this section is read on the *SAM* Audio Program and printed in the Listening Activities pages to guide you in your responses. The correct response to each item is provided.

Díganos: "Real-life" questions related to the lesson theme provide additional listening and speaking practice.

Ejercicios de comprensión: These listening comprehension exercises check your ability to apply to new situations the Spanish you are learning. First, you will hear three descriptions for each illustration in the Listening Activities and will indicate the letter that corresponds to the correct description. Answers to each of the items are provided. In the second exercise, you must confirm whether each of a series of sentences is logical or illogical.

Para escuchar y escribir: A dictation concludes the Listening Activities for each lesson so you can check your ability to reproduce in writing what you hear.

Answers to all Workbook and Listening Activities are provided at your instructor's discretion. Consistent use of the Listening Activities for each lesson will help you to develop your listening and speaking skills in Spanish to meet the objectives of the ***¡Hola, amigos!*** program. By the end of the course, you should be able to understand the essence of a conversation on topics covered by the textbook among native speakers of Spanish conversing at normal speed. You should also be able to make yourself understood by native speakers used to dealing with non-Spanish speakers when you converse on these topics, using the vocabulary and structures you have learned.

Make every effort to complete all of the Workbook and Listening Activities for each lesson. As you become more familiar with the program, you will find them helpful in assessing your achievements and in targeting the specific lesson features that require extra review. Learning a foreign language is a gradual process that requires a consistent, steady commitment of time. Completing the activities will help you to use your time productively by determining which material you have already mastered and which requires additional study.

We would like to hear your comments on ***¡Hola, amigos!,*** Eighth Edition, and on this *Student Activities Manual.* Reports of your experiences using this program would be of great interest and value to us. Please write to us c/o Heinle Cengage Learning, World Languages, 20 Channel Center Street, Sixth floor, Boston, MA 02210.

Ana C. Jarvis
Raquel Lebredo

LECCIÓN PRELIMINAR
Workbook Activities

PARA PRACTICAR

1. La gente habla These are exchanges between people. You hear the response. What was said before?

1. _____

   El gusto es mío.

2. _____

   Bien, gracias. ¿Y usted?

3. _____

   Bien, gracias. ¿Y tú?

4. _____

   Me llamo Isabel. ¿Y tú?

5. _____

   Ocho-seis-dos-nueve-cuatro-cero-tres.

2. Situaciones You find yourself in the following situations. What do you say?

1. You greet your instructor in the morning.

   _____

2. You greet Dr. Soto in the afternoon.

   _____

3. You say good-bye to a young lady, whom you'll see the next day.

   _____

4. You greet Mrs. Salas in the evening.

   _____

5. You are in Argentina, and someone says "Encantado" to you. You respond.

   _____

3. Números Write these numbers in Spanish.

1. 9-1-1 _____

2. 8-0-0 _____

3. 5-2-3 _____

4. 4-7-6 _____

LECCIÓN 1

Workbook Activities

1. En la clase Indicate what we can see in the classroom by placing **un, una, unos,** or **unas** before each noun.

En la clase hay: _____ profesor, _____ puerta, _____ reloj, _____

tablilla de anuncios, _____ ventanas, _____ borradores, _____ sillas,

_____ computadora, _____ cuadernos, _____ bolígrafos y _____ luces.

2. Yo necesito... What do you need for class? Start out by saying, "Yo necesito *(I need),*" and place **el, la, los,** or **las** before each item on your list.

Yo necesito: _____ lápices, _____ plumas, _____ pizarra, _____ mapa

de México, _____ escritorio y _____ mochila.

3. Los pronombres What subject pronouns would be used in each case?

1. A person talking about himself/herself, will start out by saying _____.

2. A student addressing a professor would call him/her _____.

3. Speaking about her parents, a girl would say _____.

4. Referring to a group of women, a person would say _____.

5. Speaking about his mother, a man would say _____.

6. Talking about himself and a male friend, a man would say _____.

7. Addressing a group of colleagues, a person would say _____.

8. A person would call a very close friend _____.

9. Speaking about a male professor, a student would say _____.

10. Speaking about herself and her sister, a woman would say _____.

4. **¿De dónde eres?** Fernando is introducing himself and other foreign students at the **Club Internacional,** saying where everybody is from. To show what Fernando says, complete the following with the correct form of **ser.**

Yo _____ Fernando Pagani. Marisa y yo _____ de Buenos Aires, Delia _____

de Lima, Cora y Adela _____ de Santiago y Roberto _____ de Quito.

And now, answer Fernando's question: **¿Quién** *(Who)* **eres tú y de dónde eres?**

_____

_____

_____

5. **¿Cómo son?** Write sentences to indicate what the following people or things are like, using the adjectives given.

azules   simpáticas   española
alto   ingleses   marrón

1. mujer _____

2. chico _____

3. profesores _____

4. chicas _____

5. escritorio _____

6. bolígrafos _____

6. **¿Cómo se deletrea** *(spell)***?** Spell out the following English last names for your Spanish-speaking coworker to write.

1. Smith _____

2. Randall _____

3. Fox _____

4. Budge _____

5. Wesley _____

6. Jackson _____

7. **Muchos estudiantes internacionales** Write out in words the number of students from different countries that are in two ESL classes.

1. _____ estudiantes de Vietnam (13)

2. _____ estudiantes de México (27)

3. _____ estudiantes de Italia (15)

4. _____ estudiantes de Arabia Saudita (14)

5. _____ estudiantes de Chile (16)

6. _____ estudiantes de Colombia (39)

7. _____ estudiantes de Cuba (18)

8. _____ estudiantes de Nicaragua (10)

8. Conversaciones breves These are brief exchanges that are heard around the college. Complete them appropriately.

1. —_____

—No mucho…

2. —_____

—Sí, yo soy estadounidense.

3. —_____

—Calle Magnolia, número veinticinco.

4. —_____

—¡No! ¡Teresa es bonita!

5. —_____

Yo soy de California.

6. —_____

—Se dice "hasta mañana".

7. —_____

—Mi compañero de cuarto es de Texas.

8. —_____

—Eva y Luis conversan en la cafetería.

9. —_____

—Nosotros somos de la Ciudad de México.

9. ¿Qué hay en la clase? Name the following items next to the corresponding number. Be sure to include the definite article.

1. _____

2. _____

3. _____

4. _____

5. _____

6. _____

7. _____

8. _____

9. _____

10. _____

10. ¿Cuál no va? Circle the word or phrase that does not belong in each group.

1. chica   muchacha   novia
2. puerta   clase   biblioteca
3. alumno   estudiante   dirección
4. español   norteamericano   estadounidense
5. simpático   universitario   guapo

11. ¿Qué dicen? Two classmates are talking in the hallway. Match what one says in column **A** with the response in column **B**.

A		**B**	
1.	¿Es verde?	a.	Bien, gracias.
2.	Nos vemos esta noche.	b.	Azul.
3.	¿Cómo están ustedes?	c.	Y bonita. ¡Es perfecta!
4.	Ana es inteligente.	d.	En la cafetería.
5.	¿Quién es Sergio?	e.	No, anaranjado.
6.	¿Cómo se dice "blue"?	f.	Sí, de Guadalajara.
7.	¿Dónde conversan?	g.	No, inglés.
8.	¿Es mexicana?	h.	Hasta luego.
9.	¿Habla español?	i.	De nada.
10.	Muchas gracias.	j.	Mi compañero de cuarto.

12. ¿Qué pasa aquí? *(What's happening here?)* Look at the illustration and answer the following questions about the students and their classroom.

1. ¿Quién *(Who)* es la profesora?

   _____

2. ¿De dónde es la profesora?

   _____

3. ¿Cuántos estudiantes hay en la clase?

_____

4. ¿Lupe es de Cuba?

_____

5. ¿John es mexicano?

_____

6. ¿Cuántas ventanas hay en la clase?

_____

PARA LEER

13. **Profesionales de todo el mundo** Read the following descriptions, and then answer the questions.

La doctora Irene Santillana es de Madrid. Es profesora en una universidad en Guanajuato. Es inteligente y muy simpática.

La señorita María Inés de la Cruz es mexicana. Es de Puebla. Es estudiante de medicina.

El señor José Armando Vidal es de San Diego. Es estudiante en una universidad en Los Ángeles. Es alto, delgado y guapo.

1. ¿Quién *(Who)* es de Madrid?

_____

2. ¿Es estudiante?

_____

3. ¿Cómo es? *(What is she like?)*

_____

4. ¿María Inés es norteamericana o mexicana?

_____

5. ¿De qué ciudad *(city)* es?

_____

6. ¿Quién es de California?

_____

7. ¿De qué ciudad es?

_____

8. ¿José Armando Vidal es profesor?

_____

9. ¿Cómo es?

_____

PARA ESCRIBIR

14. Unir ideas Brainstorming is a useful technique when beginning many writing assignments. It allows you to generate words or ideas you associate with a topic. For example, think of as many adjectives as you can that you know in Spanish and write them down. Think in Spanish! Refer to your textbook if needed.

_____

_____

_____

_____

Now, underline all the adjectives that apply to you and use them with the verb **ser** to write a brief description of yourself. As a final step, check for correct agreement of adjectives.

_____

_____

_____

_____

_____

_____

_____

_____

Listening Activities

1. **Vocales** Listen and repeat the following words, paying close attention to the pronunciation of vowels. Remember to keep the vowel sounds short and clear.

hay	mexicano	número
David	estadounidense	biblioteca
Teresa	dirección	anaranjado
habla	calle	

Now, listen and repeat the following phrases, paying close attention to the vowel sounds.

¿Qué hay de nuevo?	Más despacio.
Hasta luego.	Lo siento.
Nos vemos.	¿Cómo se dice?

DIÁLOGOS

2. **En la universidad** Listen to the dialogues twice, paying close attention to the speakers' intonation and pronunciation patterns. First, listen to the entire dialogue; then, as you listen for a second time, stop the recording after each sentence and repeat after the speakers.

Listen to dialogue 1.

Now listen to dialogue 2.

Now listen to dialogue 3.

3. **Preguntas y respuestas** The speaker will ask several questions based on the dialogues. Answer each question, always omitting the subject. Check your response against the speaker's. Repeat the correct answer.

PUNTOS PARA RECORDAR

4. **Definite articles I** Repeat each noun you hear, adding the appropriate definite article. The speaker will verify your response. Repeat the correct answer. Follow the model.

> **Modelo**   libro
> *el libro*

5. **Indefinite articles** Repeat each noun you hear, adding the appropriate indefinite article. The speaker will verify your response. Repeat the correct answer. Follow the model.

> **Modelo**   pluma
> *una pluma*

6. **Subject pronouns and the present indicative of *ser*** The speaker will name a series of people and places. Using the appropriate form of the verb, say where the people are from. The speaker will verify your response. Repeat the correct answer. Follow the model.

> **Modelo** Usted / California
> *Usted es de California.*

7. **Agreement of articles and adjectives** The speaker will read several sentences and will provide a cue for each one. Substitute the cue you hear in each sentence, making all necessary changes. The speaker will verify your response. Repeat the correct answer. Follow the model.

> **Modelo** El hombre es cubano. (mujeres)
> *Las mujeres son cubanas.*

DÍGANOS

8. **Más preguntas** The speaker will ask you some questions. Answer, using the cues provided and always omitting the subject. The speaker will verify your response. Repeat the correct answer. Follow the model.

> **Modelo** —¿Miguel es alto? (sí)
> —*Sí, es alto.*

EJERCICIOS DE COMPRENSIÓN

9. **Tres opciones** You will hear three statements about each picture. Indicate the letter of the statement that best corresponds to the picture. The speaker will verify your response.

1.
a b c

2.
a b c

3.
a b c

4.
a b c

5.
a b c

Illustrations © Cengage Learning 2014

Nombre _____ Sección _____ Fecha _____

10. ¿Lógico o ilógico? Indicate **L** if the statement is logical **(lógico)** or **I** if it is illogical **(ilógico)**. The speaker will verify your response.

1. L I   5. L I
2. L I   6. L I
3. L I   7. L I
4. L I   8. L I

11. Diálogo Listen carefully to the dialogue, and then answer the questions, omitting the subjects. The speaker will confirm your response. Repeat the correct response.

Listen to the dialogue.

Now answer the speaker's questions.

PARA ESCUCHAR Y ESCRIBIR

12. Números The speaker will dictate ten numbers. Listen to each number twice. Write the numbers, using numerals rather than words.

1. _____   6. _____
2. _____   7. _____
3. _____   8. _____
4. _____   9. _____
5. _____   10. _____

13. Oraciones The speaker will read five sentences. Listen to each sentence twice. After you listen for the first time, stop the audio and write what you have heard. Then, play the sentence for a second time to check your work and fill in what you have missed.

1. _____
2. _____
3. _____
4. _____
5. _____

LECCIÓN 2
Workbook Activities

PARA PRACTICAR

1. Nosotros, los estudiantes Marcos, a student from Colombia, talks about college life. Complete the following information, using the present indicative of the verbs given.

Juan Carlos y yo (conversar) _____ en la cafetería de la universidad y (tomar) _____

café. Yo (trabajar) _____ en la cafetería y Juan Carlos (trabajar) _____ en la

biblioteca. Él (hablar) _____ español, inglés y japonés.

Juan Carlos y sus amigos (estudiar) _____ en la biblioteca. Ellos no (tomar) _____

clases en el verano. Yo (desear) _____ tomar literatura en el verano, pero

(necesitar) _____ trabajar. ¿A qué hora (terminar) _____ tú hoy? Nosotros

(terminar) _____ a las dos.

2. Aseveraciones y preguntas *(Statements and questions)* Complete the chart below with the missing sentence forms, stating a fact, asking a question, or making a negative statement.

Affirmative	Interrogative	Negative
1. Él habla español.	_____	_____
2. _____	_____	Eva no es profesora.
3. _____	¿Desean leche?	_____
4. _____	_____	Ana no necesita dinero.
5. Tito es estudiante.	_____	_____
6. Luis trabaja hoy.	_____	_____
7. _____	¿Estudiamos sociología?	_____
8. _____	_____	Nora no es cubana.

3. ¿Qué desean tomar? Complete the following with the Spanish equivalent of the words in parentheses.

1. Tú deseas tomar _____ y Elsa desea tomar _____. *(hot chocolate / coffee and milk)*

2. Mirta desea un vaso de _____ y Raúl desea una botella de _____. *(ice water / mineral water)*

3. Carlos y Rosa desean _____ y yo deseo _____. *(orange juice / apple juice)*

4. Nosotros deseamos una copa de _____. *(red wine)*

5. Mario no desea tomar _____; él desea _____. *(beer / iced tea)*

4. ¿Qué necesitamos? *(What do we need?)* **¿Qué hacemos?** *(What do we do?)* Complete the following sentences with the Spanish equivalent of the words in parentheses.

1. Yo necesito _____ bolígrafo y _____ cuadernos. *(my / my)*

2. Ernesto y Javier necesitan _____ libros. *(their)*

3. Carlos necesita hablar con _____ profesora y nosotras necesitamos hablar con _____ profesor. *(his / our)*

4. Ud. necesita hablar con _____ estudiantes. *(your)*

5. Marisa y Rafael estudian con _____ amigos. Marisa estudia con _____ amiga y Rafael estudia con _____ amigo. *(their / her / his)*

6. Ana, ¿tú conversas con _____ amigos en la cafetería? *(your)*

5. Profesores y estudiantes Answer the following questions about your class in the affirmative.

1. ¿Tú necesitas hablar con tus compañeros de clase?

   _____

2. ¿Uds. desean estudiar en su casa?

   _____

3. ¿El profesor necesita tu cuaderno?

   _____

4. ¿Uds. estudian con sus compañeros de cuarto?

   _____

5. ¿Las profesoras de Uds. son de Madrid?

   _____

6. ¿Yo necesito hablar con mis profesores hoy?

   _____

7. ¿La profesora habla con sus estudiantes?

   _____

8. ¿Yo necesito hablar con mis estudiantes hoy? *(Use **Ud.** form.)*

   _____

6. En la universidad Complete the following statements about college life using **el, la, los,** or **las.**

1. _____ idioma que ellos estudian en _____ universidad es _____ inglés.

2. En _____ clase de literatura estudiamos _____ poemas de Bécquer.

3. _____ lección cinco es sobre *(about)* _____ problemas de _____ ciudades de California.

4. Necesitamos _____ café, _____ té y _____ leche.

5. _____ amistad *(friendship)* es muy importante para _____ estudiantes.

7. ¿Cuántos...? You are in charge of preparing an order for supplies. Write out the number of each item needed.

1. _____ libros (70)

2. _____ bolígrafos (100)

3. _____ cuadernos (84)

4. _____ mapas (158)

5. _____ lápices (112)

6. _____ cestos de papeles (95)

7. _____ relojes (72)

8. _____ computadoras (80)

9. _____ sillas (140)

10. _____ tazas (150)

11. _____ vasos (200)

12. _____ copas (67)

8. ¿A qué hora son las clases? What time is each of the following classes? Start each sentence with **La clase de...**

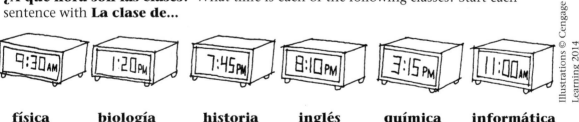

física biología historia inglés química informática

Illustrations © Cengage Learning 2014

1. física

_____

2. biología

_____

3. historia

_____

4. inglés

_____

5. química

_____

6. informática

_____

9. El horario de Carolina Fill in the missing days of the week in the schedule. Then, use the following information to fill in, in Spanish, Carolina's class schedule for this semester.

Math **(Matemáticas):**   Monday, Wednesday, Friday

Spanish **(Español):**   Monday, Tuesday, Wednesday, Thursday, Friday

Music **(Música):**   Saturday

History **(Historia):**   Tuesday, Thursday

Biology **(Biología):**   Thursday, Friday

Literature **(Literatura):**   Tuesday, Saturday

lunes						

© Cengage Learning 2014

10. Muchos cumpleaños Silvia has a very busy social schedule. Write the dates of her friends' birthdays *(cumpleaños)* in Spanish.

Modelo   Carlos, _____ (July fourth)
Carlos, el cuatro de julio

1. Alberto, _____ (March first)

2. Inés, _____ (January fifteenth)

3. Carmen, _____ (November thirtieth)

4. Raúl, _____ (June twentieth)

5. Georgina, _____ (December fourteenth)

6. Fernando, _____ (August tenth)

7. Rafael, _____ (February eleventh)

8. Elba, _____ (April twenty-fifth)

11. Las estaciones del año As you know, the seasons are reversed in the Southern Hemisphere. Write the name of the season that corresponds to the following months in Chile. Include the article.

1. septiembre, octubre, noviembre _____

2. marzo, abril, mayo _____

3. diciembre, enero, febrero _____

4. junio, julio, agosto _____

12. Crucigrama

HORIZONTAL

5. Yo estudio _____ políticas.
6. Hoy es _____ y mañana es martes.
7. "Budweiser" es una _____.
8. té helado = té _____
10. *friend* (en español) = _____
11. Él desea una _____ de vino.
13. La clase _____ a las ocho.
15. ¿A qué _____ es la clase de física?
17. solo
19. Ellos toman vino _____.
20. No trabaja por el día. Trabaja por la _____.
22. Trabajo porque necesito _____.
23. hablar
24. La biología es una _____ difícil.

VERTICAL

1. Él trabaja en la _____ de administración.
2. Estudiamos a Shakespeare en la clase de _____.
3. Ella desea una _____ de café.
4. Pablo es de Puerto Rico; es _____.
9. Estudiamos álgebra en la clase de _____.
12. Deseo un _____ de agua.
14. Deseamos agua con _____.
16. En Washington hablan _____.
18. Toman café con _____.
21. Silvia _____ una clase de historia.

13. En la cafetería At the university's cafeteria, some students are talking. Complete these exchanges, using vocabulary from **Lección 2.**

1. —Ana, ¿tu clase de español es difícil?

    —No, es muy _____.

    —¿Cuántas asignaturas tomas este _____?

    —Tomo cuatro: ciencias _____, matemáticas, _____ de empresas y _____ español.

2. —Silvia, ¿la Dra. Barrios es _____?

    —Sí, ella es de Puerto Rico.

    —¿Qué clases _____ ella?

    —Cálculo y álgebra por la _____ y contabilidad por la noche.

    —Ella trabaja mucho.

    —Sí, _____ dinero.

3. —Carlos, ¿qué _____ tomar?

—Una taza de chocolate _____. ¿Y tú?

—Un _____ de leche.

—Oye, ¿qué _____ es?

—Son las doce y media.

14. ¿Qué dice aquí? This is a day in the life of Susana Campos. Read about her activities and then answer the questions based on the page in her planner.

Septiembre		Martes **15**
	Planes para hoy	
7:00	Café	*Sergio*
8:00 – 11:00	En clase	
	1. Química-Laboratorio	
	2. Informática	
	3. Matemáticas-Examen	
12:00	Cafetería	*Lidia*
1:00 – 4:00	Trabajo	
6:00	Biblioteca	*César*
8:00 – 10:00	Contabilidad	

© Cengage Learning 2014

1. ¿Qué día es hoy? ¿Qué fecha es?

   _____

2. ¿Qué toma Susana con Sergio? ¿A qué hora?

   _____

3. ¿Cuántas clases toma ella?

   _____

4. ¿Qué asignatura tiene *(has)* laboratorio?

   _____

5. ¿En qué clase tiene examen?

_____

6. ¿En qué clase usa la computadora?

_____

7. ¿Con quién conversa en la cafetería?

_____

8. ¿Cuántas horas trabaja Susana?

_____

9. ¿Dónde estudia a las seis? ¿Con quién?

_____

10. ¿Qué clase toma de ocho a diez?

_____

PARA LEER

15. Asignaturas Read the following story, and then answer the questions.

Roberto y Ana estudian en la Universidad Internacional de Miami.

Roberto toma muchas asignaturas este semestre: química, historia, inglés, biología, sociología y literatura. Ana toma tres clases: física, administración de empresas y psicología. Roberto no trabaja. Ana trabaja en la cafetería y en la biblioteca.

Ana y Roberto conversan en la cafetería. Ana toma un vaso de leche y Roberto toma una taza de café.

1. ¿Ana y Roberto estudian en Venezuela?

_____

2. ¿Dónde trabaja Roberto este semestre?

_____

3. ¿Qué materias toma Roberto?

_____

4. ¿Cuántas clases toma Ana?

_____

5. ¿Qué clases toma Ana?

_____

6. ¿Quién toma literatura este semestre?

_____

7. ¿Dónde conversan Ana y Roberto?

_____

8. ¿Quién toma café y quién toma leche?

_____

9. En su opinión *(In your opinion)*, ¿por qué no trabaja Roberto este semestre?

_____

10. En su opinión, ¿por qué toma Ana solamente *(only)* tres clases este semestre?

_____

PARA ESCRIBIR

16. Descripciones Making lists is another way of brainstorming, to help you prepare for writing and to organize your thoughts. Before writing, list some of your activities, using the Spanish you know. Add one or two of your easier and more difficult classes. Think of your studies, your work, and one or two things you do with friends.

Then, write a brief description of your activities. Also tell what classes you are taking and at what time. Say which ones are easy and which ones are difficult.

_____

_____

_____

_____

_____

_____

_____

_____

_____

_____

_____

_____

17. Sobre el mundo hispánico Refer to this section of your textbook to see how much you remember.

1. ¿Dónde está concentrada la mayoría de los mexicoamericanos?

   _____

2. ¿En qué ciudad texana hay mucha influencia mexicana?

   _____

3. ¿En qué ciudad vive más de medio millón de cubanos?

   _____

4. ¿Cómo se llama el barrio cubano de la ciudad de Miami?

   _____

5. ¿Cuál es el segundo (second) grupo más grande de hispanos en Estados Unidos?

   _____

6. ¿Qué no necesitan los puertorriqueños para entrar en los Estados Unidos? ¿Por qué?

   _____

Listening Activities

PRONUNCIACIÓN

1. **Palabras unidas** Listen and repeat the following sentences, paying attention to linking.

   1. Termina‿en‿agosto.

   2. Este semestre‿estudio‿historia.

   3. Deseo‿una botella de‿agua.

   4. Aquí‿está‿el‿libro.

   5. Felipe‿y‿Ana‿hablan‿inglés.

   6. Necesitamos‿su‿horario.

DIÁLOGOS

2. **Estudiantes y profesores** Listen to the dialogues twice, paying close attention to the speakers' intonation and pronunciation patterns. First, listen to the entire dialogue; then, as you listen for a second time, stop the recording after each sentence and repeat after the speakers.

   Listen to dialogue 1.

   Now listen to dialogue 2.

3. **Preguntas y respuestas** The speaker will ask several questions based on the dialogues. Answer each question, always omitting the subject. The speaker will verify your response. Repeat the correct answer.

PUNTOS PARA RECORDAR

4. **Present indicative of -*ar* verbs** The speaker will ask several questions. Answer each one, always choosing the first possibility. The speaker will verify your response. Repeat the correct answer. Follow the model.

   Modelo —¿Ud. habla inglés o español?
   —*Hablo inglés.*

5. **Interrogative sentences** Answer each question you hear, using the cue provided. Pay special attention to the use of interrogative words. The speaker will verify your response. Repeat the correct answer. Follow the model.

   Modelo —¿Dónde trabajas? (en la cafetería)
   —*Trabajo en la cafetería.*

6. **Negative sentences** Answer each question you hear in the negative, always omitting the subject. The speaker will verify your response. Repeat the correct answer. Follow the model.

> **Modelo** —¿Elsa trabaja por la mañana?
> —*No, no trabaja por la mañana.*

7. **Possessive adjectives** Answer each question you hear, using the cue provided. The speaker will verify your response. Repeat the correct answer. Follow the model.

> **Modelo** —¿De dónde es tu profesora? (Puerto Rico)
> —*Mi profesora es de Puerto Rico.*

8. **Definite articles II** Repeat each word you hear, adding the appropriate definite article. The speaker will verify your response. Repeat the correct answer. Follow the model.

> **Modelo** universidad
> *la universidad*

9. **Numbers** The speaker will name a day of the year. Say its date. The speaker will verify your response. Repeat the correct answer. Follow the model.

> **Modelo** Veterans' Day
> *el once de noviembre*

10. **Days of the week** You will hear several questions. The person asking these questions is always a day ahead. Respond saying the correct day. The speaker will verify your response. Repeat the correct answer. Follow the model.

> **Modelo** —¿Hoy es lunes?
> —*No, hoy es domingo.*

11. **Months and seasons** The speaker will name a month. State the season in which the month falls. The speaker will verify your response. Repeat the correct answer. Follow the model.

> **Modelo** diciembre
> *el invierno*

DÍGANOS

12. **Más preguntas** The speaker will ask you some questions. Answer, using the cues provided and always omitting the subject. The speaker will verify your response. Repeat the correct answer. Follow the model.

> **Modelo** —¿Estudia Ud. por la mañana? (por la tarde)
> —*No, estudio por la tarde.*

13. Tres opciones You will hear three statements about each picture. Indicate the letter of the statement that best corresponds to the picture. The speaker will verify your response.

1.
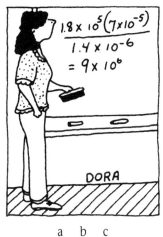

a b c

2.

a b c

3.

a b c

4.

a b c

5.

a b c

14. ¿Lógico o ilógico? You will now hear some statements. Indicate **L** if the statement is logical **(lógico)** or **I** if it is illogical **(ilógico).** The speaker will verify your response.

1. L I   6. L I
2. L I   7. L I
3. L I   8. L I
4. L I   9. L I
5. L I   10. L I

15. Diálogo Listen carefully to the dialogue, and then answer the questions, omitting the subjects. The speaker will confirm your response. Repeat the correct response.

Listen to the dialogue.

Now answer the speaker's questions.

16. Números The speaker will dictate twelve numbers. Listen to each number twice. Write them, using numerals rather than words.

1. _____   5. _____   9. _____

2. _____   6. _____   10. _____

3. _____   7. _____   11. _____

4. _____   8. _____   12. _____

17. Oraciones The speaker will read five sentences. Listen to each sentence twice. After you listen for the first time, stop the audio and write what you have heard. Then, play the sentence for a second time to check your work and fill in what you have missed.

1. _____

2. _____

3. _____

4. _____

5. _____

Nombre _____ Sección _____ Fecha _____

LECCIÓN **3**

Workbook Activities

PARA PRACTICAR

1. Teresa y yo Eva tells us about herself and her friend Teresa. Use the present indicative of the appropriate **-er** and **-ir** verbs to complete the information.

Mi amiga Teresa y yo _____ en un apartamento en la calle Juárez. Todos los días, Teresa y

yo _____ en el parque (park). Después _____ en la cafetería y _____ una taza

de café. Los sábados, Teresa y yo _____ el trabajo: yo _____ los muebles y Teresa

_____ la cocina. Después, las dos _____ el periódico (newspaper).

2. La familia Rojas Use the information in the dialogue for **Lección 3** in the textbook to complete the following statements. Express relationship or possession.

1. Alicia es _____ (Hector's sister).

2. El Sr. Rojas es _____ (Susana's dad).

3. "Hospital General" es _____ (the girls' favorite soap opera).

4. _____ es comer (Hector's favorite occupation).

5. Yo plancho _____ (Alicia's clothes).

3. Los quehaceres de la casa Four girls share an apartment. Today they're doing housework and getting ready for guests. Use the appropriate forms of **tener** or **venir** to complete the exchanges between them.

1. —Anita, ¿tú _____ la cafetera?

    —No, yo _____ la licuadora.

2. —¿A qué hora _____ José Luis?

    —A las ocho. Pablo y Teresa _____ con él.

3. —¿Uds. _____ que sacudir los muebles?

    —No, nosotras _____ que barrer la cocina y el garaje.

4. —Raquel, ¿de dónde _____ tú?

    —Yo _____ de la casa de mi abuela (grandmother).

5. —¿Quién _____ que planchar la ropa?

   —¡Tú!

6. —¿A qué hora _____ Uds. de la universidad mañana?

   —Nosotras _____ a las once.

4. De visita *(Visiting)* You are a guest at somebody's house and the hostess wants you to be comfortable. Answer her questions, using expressions with **tener.**

1. —¿Deseas un vaso de limonada?

   —No, gracias. _____.

2. —¿Por qué no abres la ventana?

   —Porque no _____.

3. —¿Deseas un sándwich?

   —No, gracias. No _____.

4. —¿Necesitas un suéter?

   —Sí, porque _____.

5. —¿Por qué no tomas una siesta?

   —No… _____.

5. ¿Me prestas…? *(Will you lend me…?)* Play the part of Mireya, who borrows everything from her neighbor. Place the appropriate demonstrative adjectives before each item.

1. *this, these*

Necesito _____ licuadora, _____ tazón, _____ cafeteras y _____ platos.

2. *that, those*

Necesito _____ reloj, _____ plancha, _____ tostadoras y _____ vasos.

3. *that, those (over there)*

Necesito _____ mesa, _____ sillas, _____ cesto de papeles y _____ platos.

6. ¿Cuánto ganan? *(How much do they earn?)* You are in charge of the payroll for the Sandoval Company. Indicate how much each of these individuals earns per month.

      Modelo   Luis gana *(earns)* doscientos dólares por semana *(week)*.
                     Luis gana ochocientos dólares por mes (month).

1. Marta gana trescientos cincuenta dólares por semana.

   _____

2. Rogelio gana quinientos cincuenta dólares por semana.

   _____

3. Lucía gana doscientos veinticinco dólares por semana.

   _____

4. Ernesto gana cuatrocientos veinticinco dólares por semana.

   _____

5. Olga gana mil doscientos dólares por semana.

   _____

7. ¿Cuál no va? Circle the word or phrase that does not belong in each group.

1. basura	garaje	cuarto de baño
2. padres	hermanos	césped
3. venir	llegar	descansar
4. dormitorio	recámara	tiempo
5. sala	plato	cocina
6. comer	beber	correr
7. excusa	ensalada	comida
8. comer	cenar	deber
9. barrer	abrir	sacar la basura
10. tener sed	poner la mesa	pasar la aspiradora
11. todo	tiempo	un rato
12. cacerola	sartén	plancha
13. lavadora	licuadora	secadora
14. horno	microondas	colador
15. cafetera	tostadora	tabla de planchar
16. vivir	deber	tener que

8. Conversaciones breves Two roommates are talking about their day's activities. Match the questions in column **A** with the answers in column **B**.

A

1. _____ ¿Hay sándwiches?
2. _____ ¿Por qué no comes un sándwich?
3. _____ ¿Deseas limonada?
4. _____ ¿Qué tienes que hacer?
5. _____ ¿Tienes que poner la mesa?
6. _____ ¿Quién prepara la ensalada?
7. _____ ¿Qué tienes que lavar?
8. _____ ¿Tu hermano viene hoy?
9. _____ ¿Quién barre el garaje? ¿Alicia?
10. _____ ¿A qué hora viene tu papá?
11. _____ ¿Cuándo llega tu mamá?
12. _____ ¿Qué bebes?
13. _____ ¿En qué ciudad vives?
14. _____ ¿Qué miran?
15. _____ ¿Dónde cenan?
16. _____ ¿Qué tienes que limpiar?

B

a. No, mañana.
b. La ropa.
c. A las ocho.
d. No, gracias. No tengo sed.
e. Sí, en el refrigerador.
f. Sí, necesito los platos.
g. No, gracias. No tengo hambre.
h. Tengo que limpiar la casa.
i. Mi mamá.
j. No, ella está ocupada.
k. En San Francisco.
l. Mi cuarto.
m. En el comedor.
n. El lunes.
o. Una telenovela.
p. Limonada.

9. ¿Qué pasa aquí? Look at the illustration and answer the following questions.

¿Qué hacen...? *(What do they do...?)*

1. ¿Qué hace Oscar?

_____

2. ¿A qué hora vienen Ana y Nora?

_____

3. ¿Cuántos platos pone Oscar en la mesa?

_____

4. ¿Qué hace Juan?

_____

5. ¿En qué calle vive Nora?

_____

6. ¿Qué hace Sara?

_____

7. ¿Cuántos años tiene Marcos?

_____

8. ¿Qué hace Eva?

_____

9. ¿A qué hora viene Pablo?

_____

10. ¿Eva tiene prisa?

_____

PARA LEER

10. Una nota Read the following note Mrs. Peña wrote to her husband, then answer the questions.

Álvaro:

Tus padres vienen esta noche, a las ocho. Tienes que sacudir los muebles y planchar tu ropa.

Hoy yo llego a las seis porque tengo que trabajar hasta° las cinco y media.   *until*
Rosita tiene que pasar la aspiradora y poner la mesa y Carlitos tiene que cortar el césped y lavar los platos.

Si tienen hambre, hay sándwiches en el refrigerador. Tu amigo Ricardo viene a las seis.

Graciela

1. ¿A qué hora vienen los padres de Álvaro?

_____

2. ¿Qué tiene que sacudir Álvaro?

_____

3. ¿Qué tiene que planchar?

_____

4. ¿A qué hora llega Graciela a su casa?

_____

5. ¿Hasta qué hora tiene que trabajar?

_____

6. ¿Qué tiene que hacer Rosita?

_____

7. ¿Quién tiene que cortar el césped?

_____

8. ¿Qué tiene que lavar Carlitos?

_____

9. ¿Qué hay en el refrigerador?

_____

10. ¿A qué hora viene el amigo de Álvaro?

_____

PARA ESCRIBIR

11. Diálogo Write a short dialogue between two roommates who are discussing the chores they have to do. Use what you have learned about brainstorming and making lists to generate ideas before you begin.

_____

_____

_____

_____

_____

_____

_____

_____

_____

_____

_____

_____

_____

Listening Activities

1. **Las consonantes _b_ y _v_** Listen and repeat the following words, paying close attention to the pronunciation.

   Benito / Viviana / mueble / lavar / favorito / basura / Benavente / barre

   Now listen and repeat the following sentences, paying close attention to the pronunciation of **b** and **v.**

   1. La nueva biblioteca es buena.

   2. Víctor y Beatriz beben una botella de vino blanco.

   3. Roberto Vera vive bien en Nevada.

   4. Los jueves y los viernes, Beto y yo navegamos la red.

   5. Verónica Barrios viene el sábado veintinueve.

DIÁLOGOS

2. **Los trabajos de la casa**
   Listen to the dialogue twice, paying close attention to the speakers' intonation and pronunciation patterns. First, listen to the entire dialogue; then, as you listen for a second time, stop the recording after each sentence and repeat after the speakers.

   Listen to the dialogue.

3. **Preguntas y respuestas**
   The speaker will ask several questions based on the dialogues. Answer each question, always omitting the subject. The speaker will verify your response. Repeat the correct answer.

PUNTOS PARA RECORDAR

4. **Present indicative of _-er_ and _-ir_ verbs** The speaker will ask several questions. Answer each one, using the cue provided. The speaker will verify your response. Repeat the correct answer. Follow the model.

   Modelo   —¿Qué bebes tú? (café)
   —_Bebo café._

5. **Possession with _de_** The speaker will name a series of objects and their owners. Using the verb **ser,** say to whom the items belong. The speaker will verify your response. Repeat the correct answer. Follow the model.

   Modelo   la plancha / Elena
   Es la plancha de Elena.

6. **Present indicative of *tener* and *venir*** The speaker will read some sentences. Change each sentence according to the new subject. The speaker will verify your response. Repeat the correct answer. Follow the model.

    Modelo   Ella viene a las ocho. (Uds.)
                  Uds. vienen a las ocho.

7. **Expressions with *tener* I** Say what the people mentioned have to do. The speaker will verify your response. Repeat the correct answer. Follow the model.

    Modelo   Rosa / abrir la puerta
                  Rosa tiene que abrir la puerta.

8. **Expressions with *tener* II** Use expressions with **tener** to say how the people described in each statement feel, according to the situation. The speaker will verify your response. Repeat the correct answer. Follow the model.

    Modelo   I am in Alaska in January.
                  Yo tengo mucho frío.

9. **Demonstrative adjectives** The speaker will give you demonstrative adjectives and nouns. Change the demonstrative adjective with each new noun. The speaker will verify your response. Repeat the correct answer. Follow the model.

    Modelo   este hombre (mujer)
                  esta mujer

DÍGANOS

10. **Más preguntas** The speaker will ask you some questions. Answer, using the cues provided and always omitting the subject. The speaker will verify your response. Repeat the correct answer. Follow the model.

    Modelo   —¿Ud. vive en Miami? (no)
                  —*No, no vivo en Miami.*

EJERCICIOS DE COMPRENSIÓN

11. Tres opciones You will hear three statements about each picture. Indicate the letter of the statement that best corresponds to the picture. The speaker will verify your response.

1.

2.

3.

4.

5.

12. ¿Lógico o ilógico? You will now hear some statements. Indicate **L** if the statement is logical **(lógico)** or **I** if it is illogical **(ilógico)**. The speaker will verify your response.

1. L I   6. L I
2. L I   7. L I
3. L I   8. L I
4. L I   9. L I
5. L I   10. L I

13. Diálogo Listen carefully to the dialogue, and then answer the questions, omitting the subjects. The speaker will confirm your response. Repeat the correct response.

Listen to the dialogue.

Now answer the speaker's questions.

14. Números The speaker will dictate twelve numbers. Listen to each number twice. Write them, using numerals rather than words.

1. _____   7. _____

2. _____   8. _____

3. _____   9. _____

4. _____   10. _____

5. _____   11. _____

6. _____   12. _____

15. Oraciones The speaker will read five sentences. Listen to each sentence twice. After you listen for the first time, stop the audio and write what you have heard. Then, play the sentence for a second time to check your work and fill in what you have missed.

1. _____

2. _____

3. _____

4. _____

5. _____

LECCIÓN 4
Workbook Activities

PARA PRACTICAR

1. ¿Cuál es la diferencia? Write who does what by using the information provided.

Modelo   traducir: yo / al inglés   ellos / al español
Yo traduzco al inglés y ellos traducen al español.

1.   salir: Uds. / a las seis   yo / a las ocho

_____

2.   conducir: ella / un Ford   yo / un Toyota

_____

3.   traer: él / el lector MP3   yo / las bebidas

_____

4.   hacer: ellos / los sándwiches   yo / la torta

_____

5.   poner: yo / la mesa por la mañana   tú / la mesa por la noche

_____

2. *Sabemos y conocemos* Use appropriate forms of **saber** or **conocer** to indicate whom or what everybody knows.

1.   yo / a Marisol Vega _____

2.   Teresa / mi número de teléfono _____

3.   nosotros / Puerto Rico _____

4.   Yo / el poema de memoria _____

5.   tú / bailar _____

6.   ellos / las novelas de Cervantes _____

7.   Uds. / dónde vive Mauricio _____

3. En un café At an outdoor café, several people are talking. Complete the following exchanges, using the verbs **conocer, llevar,** and **tener** to indicate what they say. Add the personal **a** when needed.

1. —¿Tú _____ la novia de Roberto?

   —¡Roberto no _____ novia!

2. —¿Tú _____ Beatriz a la universidad?

   —No, yo _____ Carmen.

3. —¿Qué tienes que hacer?

   —Tengo que _____ los libros a la biblioteca.

4. —¿Uds. _____ Madrid?

   —No, pero _____ Sevilla.

5. —¿Tienes que _____ tu perro *(dog)* al veterinario?

   —Sí, a las dos.

4. Mi amiga Sara Complete the information about Sara, using **a** + *definite article* or **de** + *definite article*.

Sara es la hija _____ Sr. Paz y la sobrina _____ Sra. Fuentes. Su esposo es Carlos

Villalba. Ella no conoce _____ papá de Carlos, pero sí conoce _____ mamá. Hoy Sara

viene _____ universidad _____ cinco _____ tarde y después va _____

biblioteca a trabajar. Ella trabaja con la hija _____ Dr. Peñarreal.

5. Conversaciones breves Complete the following dialogues you overheard this morning before class. Use the present indicative of **estar, ir,** or **dar.**

1. —Raúl _____ una fiesta hoy. ¿Tú _____?

   —Sí, yo _____ con Rosaura.

   —¿Dónde _____ Rosaura ahora?

   —_____ en su apartamento.

2. —¿Dónde _____ tu hermano?

   —_____ en Madrid. Después _____ a París porque mis padres _____ allí.

3. —¿Cuánto dinero *(money)* _____ Uds. para la fiesta de Magaly?

   —Nosotros _____ veinte dólares. ¿Cuánto _____ tú?

   —Yo _____ diez dólares.

6. ¿Qué van a hacer? With the information given, say what everyone is going to do. Use **ir a** + *infinitive.*

Modelo Yo tengo muchos libros.
Voy a estudiar mucho.

1. Oscar tiene un vaso de limonada. _____

2. Nosotros tenemos sándwiches. _____

3. Tú tienes una revista *(magazine).* _____

4. Cristina tiene un bolígrafo. _____

5. Uds. están en una fiesta. _____

7. Crucigrama

HORIZONTAL

1. La fiesta es para Mónica.
   Hoy es su _____.
2. Hoy nosotros _____ una
   fiesta en el club.
4. Hacer planes: _____
7. Son dos. Son una ____.
8. La mamá de mi papá es mi ____.
10. _____ la fiesta en el club.
13. No tengo _____ compactos.
18. Un brindis: ¡_____!
19. Es el hermano de mi mamá.
    Es mi _____.
21. Darío es el esposo de mi hermana.
    Es mi _____.
22. Carlos es el hijo de mi tía.
    Es mi _____.
23. Ella tiene _____ castaños.
24. Ellos _____ salsa.

VERTICAL

1. Ellos no quieren ir a la fiesta porque
   están _____.
3. Ella no es rubia; es _____.
5. Es de Guatemala. Es _____.
6. ¿Uds. _____ bailar salsa?
9. No es casado; es _____.
11. Vamos a _____ con champán.
12. Yo traigo la _____ de
    cumpleaños.
14. Voy a _____ a mis amigos a
    la fiesta.
15. Me gusta la _____ clásica.
16. Yo _____ a las chicas a su casa.
17. Yolanda es de _____ mediana.
20. Todos lo pasan bien. La fiesta
    es un _____.

8. **¿Qué hacemos este fin de semana?** Aurelio found several e-mails on his computer, but many words are missing. Help Aurelio read the e-mails by supplying the missing words. Use vocabulary from **Lección 4**.

   1. Aurelio:

   ¿Qué planeas _____ el sábado? Marta y yo planeamos _____ al club a _____.

   Vamos a _____ a Rosa con nosotros. ¿Deseas _____ tú también?

   Luis

   2. Aurelio:

   _____ tarde vamos a una cafetería para planear la _____ que voy a _____ para

   mi novio el domingo. Por la noche vamos a ir a _____ a mi madrina. ¿Vas con nosotros?

   Llamo más tarde.

   Teresa

9. **Conversaciones breves** Two friends are talking. Match their questions in column **A** with the answers in column **B**.

A		B	
1.	¿Javier es soltero?	a.	El lector MP3.
2.	¿Conoces a Rita?	b.	No, mi prima.
3.	¿Los invitados están aburridos?	c.	No, guatemaltecos.
4.	¿Ellos son mexicanos?	d.	Mi cuñado.
5.	¿A quiénes vas a invitar?	e.	No, es casado.
6.	¿Quieres comer algo?	f.	No, no tengo hambre.
7.	¿Elena es tu tía?	g.	Sí, tengo la llave.
8.	¿Puedes abrir la puerta?	h.	No, muy animados.
9.	¿Qué vas a traer tú?	i.	Sí, está en la gloria.
10.	¿Alberto está contento?	j.	Sí, es encantadora.
11.	¿Roberto es tu novio?	k.	A mis amigos.
12.	¿Quién trae las bebidas?	l.	No, mi padrino.

10. **¿Qué dice aquí?** Answer the following questions about Nora's weekend, based on this page from her planner.

8:00	Tenis—Julio	**VIERNES**
12:00	Comer—Ana y Eva	**4**
3:00	Concierto—Alicia	de abril
9:00	Bailar—Julio—Club	
9:00	Estudiar—Olga	**SÁBADO**
1:00	Biblioteca—Eva, Silvia	**5**
8:00	Fiesta—Mónica (cumpleaños)	de abril
4:00	Visitar—madrina	**DOMINGO**
		6
8:00	Cena—Julio y sus padres	de abril

© Cengage Learning 2014

1. ¿A qué hora va a jugar *(play)* Nora al tenis? ¿Con quién?

   _____

2. ¿Con quiénes va a estar a las doce?

   _____

3. ¿Adónde va a ir a las tres? ¿Con quién va a ir?

   _____

4. ¿Con quién va a ir a bailar? ¿A qué hora? ¿Dónde?

   _____

5. ¿Qué va a hacer el sábado a las nueve? ¿Con quién?

_____

6. ¿Quiénes van a ir a la biblioteca con Nora?

_____

7. ¿Quién da una fiesta? ¿Qué celebra?

_____

8. ¿A quién va a visitar Nora? ¿Qué día? ¿A qué hora?

_____

9. ¿Con quiénes va a cenar a las ocho?

_____

10. ¿Julio es el hermano o el novio de Nora?

_____

PARA LEER

11. Actividades Read the following story about Rosaura, and then answer the questions.

Mañana, viernes, mi esposo y yo estamos invitados a cenar en casa de mi tía. Tenemos que ir un rato, pero después vamos al club.

El sábado por la mañana voy a jugar al tenis con la novia de mi hermano.

Por la noche vamos a tener una fiesta en mi casa para celebrar el cumpleaños de mi esposo. Yo voy a hacer una torta y vamos a brindar con champán.

El domingo vamos a la iglesia° y después los padres de mi esposo vienen a comer con nosotros.   church

1. ¿Adónde tienen que ir Rosaura y su esposo mañana?

_____

2. ¿Quién da la cena?

_____

3. ¿Adónde va la pareja después de la cena?

_____

4. ¿El hermano de Rosaura tiene novia?

_____

5. ¿Qué van a tener por la noche en casa de Rosaura? ¿Qué celebran?

_____

6. ¿Con qué van a brindar en la fiesta?

_____

7. ¿Adónde van el domingo por la mañana?

    _____

8. ¿Quiénes están invitados a comer en casa de Rosaura?

    _____

PARA ESCRIBIR

12. **Un mensaje** When writing an informal note, letter, or e-mail in Spanish, open and close with the following phrases. Notice that a colon, rather than a comma, follows the name of the person you are writing to.

TO BEGIN	TO CLOSE	
Querido(a) (+ *name*): *Dear...,*	**Un abrazo,**	*A hug,*
Hola, (+ *name*):	**Besos,**	*Kisses,*
	Tu amigo(a),	*Your friend,*

You can also close with just a good-bye, such as **Hasta luego,** or with **Escríbeme pronto** *(Write to me soon)*.

Write a note or e-mail to your best friend, telling him/her that you are going to give a surprise party for a mutual friend. Tell him/her what you are going to do to prepare for the party and indicate time and place. Tell him/her that he/she is invited!

_____

_____

_____

_____

_____

_____

_____

_____

_____

_____

_____

_____

13. **Sobre el mundo hispánico** Refer to this section of your textbook to see how much you remember. Indicate the word that correctly completes each sentence.

1. México tiene más de (50 millones, 100 millones) de habitantes.

2. La ciudad de México, D.F. es el centro urbano más grande (del mundo, de Latinoamérica).

3. La economía de Guatemala se basa en la (industria, agricultura).

4. Un centro arqueológico muy importante en Guatemala es (Tikal, Tulum).

5. El Salvador es el país más (pequeño, grande) de Centroamérica.

6. A El Salvador lo llaman la "tierra de los (lagos, volcanes)".

Listening Activities

PRONUNCIACIÓN

1. **La consonante *c*** Listen and repeat the following words, paying close attention to the pronunciation of the consonant **c.**

   club / café / capital / Carlos / cansado / cuñado / Cecilia / conocer / Celia / cocina / información

   Now listen and repeat the following sentences, paying close attention to the pronunciation of the consonant **c.**

   1.   Clara conversa con Claudia.

   2.   La camarera come en el café.

   3.   César va al cine y al club.

   4.   Graciela come a las cinco.

   5.   Cecilia conduce con Carmen.

DIÁLOGOS

2. **Una fiesta de cumpleaños** Listen to the dialogues twice, paying close attention to the speakers' intonation and pronunciation patterns. First, listen to the entire dialogue; then, as you listen for a second time, stop the recording after each sentence and repeat after the speakers.

   Listen to dialogue 1.

   Now listen to dialogue 2.

3. **Preguntas y respuestas** The speaker will ask several questions based on the dialogues. Answer each question, always omitting the subject. The speaker will verify your response. Repeat the correct answer.

PUNTOS PARA RECORDAR

4. **Verbs with irregular first-person forms** The speaker will ask several questions. Answer each one, using the cue provided. The speaker will verify your response. Repeat the correct answer. Follow the model.

   Modelo   —¿A qué hora sales de tu casa? (a las siete)
   —*Salgo de mi casa a las siete.*

5. **Saber vs. conocer** The speaker will give you some cues. Use them to say what or whom the people mentioned know or what they know how to do, using **saber** or **conocer.** The speaker will verify your response. Repeat the correct answer. Follow the model.

> **Modelo**   yo / al novio de Alina
> *Yo conozco al novio de Alina.*

6. **Personal _a_** Answer in the negative each question you hear, using the cue provided and the personal **a** as needed. The speaker will confirm your response. Repeat the correct answer. Follow the model.

> **Modelo**   —¿Llamas a Rosa? (Marta)
> *—No, llamo a Marta.*

7. **Contractions: _al_ and _del_** The speaker will ask several questions. Answer each one, using the cue provided. The speaker will verify your response. Repeat the correct answer. Follow the model.

> **Modelo**   —¿De quién es el libro? (el profesor)
> *—Es del profesor.*

8. **Present indicative of _ir, dar,_ and _estar_** The speaker will give you some cues. Use them to say where the people mentioned are, how they are, what they give, or where they go. The speaker will verify your response. Repeat the correct answer. Follow the model.

> **Modelo**   Jorge / al cine
> *Jorge va al cine.*

9. **_Ir a_ + infinitive** The speaker will ask several questions. Answer each one, using the cue provided. The speaker will verify your response. Repeat the correct answer. Follow the model.

> **Modelo**   —¿Con quién vas a bailar? (Daniel)
> *—Voy a bailar con Daniel.*

DÍGANOS

10. **Más preguntas** The speaker will ask you some questions. Answer, using the cues provided and always omitting the subject. The speaker will verify your response. Repeat the correct answer. Follow the model.

> **Modelo**   —¿Vas a dar una fiesta el sábado? (no, el domingo)
> *—No, voy a dar una fiesta el domingo.*

11. Tres opciones You will hear three statements about each picture. Indicate the letter of the statement that best corresponds to the picture. The speaker will verify your response.

1.

    a   b   c

2.

    a   b   c

3.

    a   b   c

4.

    a   b   c

5.

    a   b   c

6.

    a   b   c

12. ¿Lógico o ilógico? You will now hear some statements. Indicate **L** if the statement is logical **(lógico)** or **I** if it is illogical **(ilógico).** The speaker will verify your response.

1.	L I	6.	L I
2.	L I	7.	L I
3.	L I	8.	L I
4.	L I	9.	L I
5.	L I	10.	L I

13. Diálogo. Listen carefully to the dialogue, and then answer the questions, omitting the subjects. The speaker will confirm your response. Repeat the correct response.

Listen to the dialogue.

Now answer the speaker's questions.

14. Oraciones The speaker will read five sentences. Listen to each sentence twice. After you listen for the first time, stop the audio and write what you have heard. Then, play the sentence for a second time to check your work and fill in what you have missed.

1. _____

2. _____

3. _____

4. _____

5. _____

LECCIÓN 5
Workbook Activities

PARA PRACTICAR

1. ¿Qué estamos haciendo? Indicate what you and your family are doing, according to where everyone is.

      Modelo   Oscar / en la cafetería
                Oscar está comiendo.

1.   yo / en la cocina

    _____

2.   mi hermano / en la biblioteca

    _____

3.   tú / en una fiesta

    _____

4.   Jorge y yo / en la sala

    _____

5.   mis amigos / en un restaurante

    _____

6.   mi prima / en la oficina *(office)*

    _____

2. Dime... *(Tell me...)* You want to know everything! Ask the following questions, using **ser** or **estar,** as appropriate.

1.   Ask what time it is.

    _____

2.   Ask Mr. Díaz if he's Mexican.

    _____

3.   Ask your friend where her boyfriend is.

    _____

4.   Ask your friend if his brother is tall.

    _____

5.   Ask Miss Peña what she's reading.

   _____

6.   Ask someone where the party is.

   _____

7.   Ask your friend if her mother is a professor.

   _____

8.   Ask someone if the chair is made of plastic.

   _____

9.   Ask your friend if she thinks Andrea looks pretty today.

   _____

10.   Ask your friend if he's tired.

   _____

3. Preguntas y más preguntas You have questions about everything. Write the questions that elicited the following answers. Use **ser** or **estar,** as appropriate.

1.   _____

   ¿Ana? En el restaurante.

2.   _____

   ¿Yo? De Colombia.

3.   _____

   ¿El disco compacto? Sí, de Pedro.

4.   _____

   ¿Verónica? Alta, delgada y muy bonita.

5.   _____

   ¿Yo? Sí, muy ocupada.

6.   _____

   ¿La mesa? Sí, de metal.

7.   _____

   Hoy es jueves.

8.   _____

   ¿Sandra y Carlos? Bailando.

4. Mensajes electrónicos Alberto comes home and finds several e-mails waiting for him. Complete each message, using the appropriate forms of stem-changing **e > ie** verbs.

cerrar   entender   preferir
empezar   pensar   querer

1. ¡Hola! ¿Vas a la fiesta de Aníbal? _____ a las ocho. Si tú _____, vamos en

    mi auto. —Celia

2. ¡Buenos días! Julia y yo _____ ir al club hoy. ¿Tú y Roberto _____ ir con

    nosotras? ¿O Uds. _____ ir al teatro *(theater)*? —Marta

3. ¿Cómo estás? Yo, no muy bien... Tengo aquí mi libro de química y no _____ una

    palabra *(word)*. ¿Tú _____ la lección de química? ¡Es muy difícil! —Beto

4. Hola, Alberto. ¿Tú sabes a qué hora _____ la biblioteca? Raúl y yo _____

    estudiar esta noche. ¡Mañana es el examen de inglés! ¿Y tú? ¿Qué _____ hacer?

    —Rocío

5. Comparaciones Compare the following people and things to each other.

1. Luis es _____ Raúl y Paco.

    Paco es _____ Raúl y Luis.

    Paco es _____ de los tres.

    Luis es _____ de los tres.

2. Ana es _____ Eva.

   Dora es _____ Eva.

   Ana es _____ de las tres.

   Dora es _____ de las tres.

   Eva es _____ Dora.

3. El coche *(car)* de Elsa es _____ el coche de Tito.

   El coche de Olga es _____ el coche de Tito.

   El coche de Elsa es _____ de todos.

   El coche de Olga es _____ de todos.

6. **Todo es lo mismo** *(Everything is the same)* You realize that everything is the same. Indicate this by restating the following information, using comparisons of equality.

   1. Yo tengo cien libros y Roberto tiene cien libros.

   _____

   2. Nosotros trabajamos mucho y Uds. trabajan mucho.

   _____

3. El restaurante Azteca tiene cincuenta mesas y el restaurante Versailles tiene cincuenta mesas.

_____

4. Paquito toma mucha leche y Carlitos toma mucha leche.

_____

5. Ernesto bebe mucho café y Julia bebe mucho café.

_____

7. Todos nosotros *(All of us)* Everyone reciprocates! Restate each sentence, following the model.

Modelo   Ella baila con él.
Él baila con ella.

1. Tú vas conmigo. _____

2. Nosotros conversamos con ellos. _____

3. Yo soy para ti. _____

4. Él baila contigo. _____

5. Tú hablas de mí. _____

6. Ud. baila con él. _____

7. Yo estudio contigo. _____

8. ¿Cuál no va? Circle the word or phrase that does not belong in each group.

1.	arroz con leche	helado	chuleta de cerdo
2.	cuenta	galleta	pan
3.	papa	pescado	pollo
4.	flan	propina	postre
5.	torta	vegetal	verdura
6.	caminar	empezar	comenzar
7.	frito	a la parilla	al día siguiente
8.	asado	sabroso	rico
9.	sal	pimienta	copa
10.	mantel	platillo	servilleta
11.	tenedor	cuchillo	camarero
12.	pan tostado	hijo	mermelada

9. **Conversaciones breves** Two friends are talking. Match their questions in column **A** with the answers in column **B**.

A		B	
1.	_____ ¿Qué quieres comer?	a.	A la una.
2.	_____ ¿Quieres una hamburguesa?	b.	No, es menor.
3.	_____ ¿Quieres sopa?	c.	Sí, con mantequilla.
4.	_____ ¿A qué hora es el almuerzo?	d.	Sí, de verduras.
5.	_____ ¿Quieres huevos?	e.	Muy sabroso.
6.	_____ ¿Ella es mayor que tú?	f.	Un coctel de camarones.
7.	_____ ¿Cómo es Carolina?	g.	A las siete de la mañana.
8.	_____ ¿Quieres pan?	h.	Es muy tímida.
9.	_____ ¿A qué hora es el desayuno?	i.	No, prefiero arroz con albóndigas.
10.	_____ ¿Cómo está el arroz con leche?	j.	Sí, con jamón.

10. **¿Qué pasa aquí?** Look at the illustration and answer the following questions.

1. ¿En qué restaurante están Eva y Tito?

_____

2. ¿Cuál es la especialidad de la casa?

_____

3. ¿Cree Ud. que es un restaurante elegante?

_____

4. ¿Eva va a pedir la especialidad de la casa?

_____

5. ¿Qué prefiere comer Eva?

    _____

6. ¿Eva quiere puré de papas o papa asada?

    _____

7. ¿Qué quiere comer Tito?

    _____

8. ¿Tito va a pedir flan de postre?

    _____

9. ¿Qué toman Tito y Eva?

    _____

10. ¿Qué están celebrando (celebrating) Tito y Eva?

    _____

11. ¿Adónde cree Ud. que van a ir después de cenar: al teatro o a un juego (game) de béisbol?

    _____

12. ¿Ud. cree que Eva y Tito tienen poco (little) dinero o que son ricos?

    _____

PARA LEER

11. ¿Qué pedimos? Read the following story, and then answer the questions.

Graciela y Roberto están en un restaurante. Ella está leyendo el menú y no sabe qué pedir: ¿Langosta...? ¿Cordero asado...? ¿Pollo...?

Roberto sabe exactamente lo que va a pedir: bistec con puré de papas. Graciela decide pedir lo mismo°. Los dos van a beber vino tinto.

Después de comer el postre y tomar café, hacen planes para el día siguiente. Por la mañana piensan llevar a sus hijos a desayunar, y por la tarde van a visitar a la mamá de Roberto.

°lo... the same thing

1. ¿Dónde están Graciela y Roberto?

    _____

2. ¿Qué está leyendo Graciela?

    _____

3. ¿Qué no sabe ella?

    _____

4. ¿Qué va a pedir Roberto?

_____

5. ¿Qué va a pedir Graciela?

_____

6. ¿Qué van a beber los dos?

_____

7. ¿Qué toman después de comer el postre?

_____

8. ¿Para cuándo hacen planes?

_____

9. ¿A quiénes piensan llevar a desayunar?

_____

10. ¿Qué van a hacer por la tarde?

_____

PARA ESCRIBIR

12. Diálogo Write a dialogue between you and a waiter/waitress. Order a big meal, including beverage and dessert, and then ask for the bill.

_____

_____

_____

_____

_____

_____

_____

_____

_____

_____

_____

_____

_____

Listening Activities

PRONUNCIACIÓN

1. **Las consonantes g, j, h** Listen and repeat the following words, paying close attention to the pronunciation of the consonants **g, j,** and **h.**

   grupo / llegar / seguro / grande / geografía / general / ojo / bajo / joven / mejor / juego / ahora / hermoso / hermana / hambre

   Now listen and repeat the following sentences, paying close attention to the pronunciation of the consonants **g, j,** and **h.**

   1. Hernando Hurtado habla ahora.

   2. Julia Jiménez juega el jueves.

   3. Gerardo Ginés estudia geología.

   4. Gustavo Godoy le gana a su amigo.

   5. Gloria Greco agrega globos grandes.

DIÁLOGOS

2. **¿Qué vas a pedir?** Listen to the dialogues twice, paying close attention to the speakers' intonation and pronunciation patterns. First, listen to the entire dialogue; then, as you listen for a second time, stop the recording after each sentence and repeat after the speakers.

   Listen to dialogue 1.

   Now listen to dialogue 2.

3. **Preguntas y respuestas** The speaker will ask several questions based on the dialogues. Answer each question, always omitting the subject. The speaker will verify your response. Repeat the correct answer.

PUNTOS PARA RECORDAR

4. **Present progressive** The speaker will provide a subject, an infinitive, and additional items. Use them to describe what the people mentioned are doing now. The speaker will verify your response. Repeat the correct answer. Follow the model.

   Modelo   yo / hablar / español
   Yo estoy hablando español.

5. **Uses of *ser* and *estar*** Combine the phrases you hear, using the appropriate forms of **ser** or **estar** to form sentences. The speaker will verify your response. Repeat the correct answer. Follow the model.

   Modelo   Fernando / muy guapo
   Fernando es muy guapo.

6. **Stem-changing verbs: *e > ie*** The speaker will read several sentences, and will provide a verb cue for each one. Substitute the new verb in each sentence, making all necessary changes. The speaker will verify your response. Repeat the correct answer. Follow the model.

    Modelo   Nosotros deseamos ir. (querer)
                         Nosotros queremos ir.

7. **Comparative and superlative adjectives, adverbs, and nouns** The speaker will ask you some questions. Answer them, using the cues provided. The speaker will verify your response. Repeat the correct answer. Follow the model.

    Modelo   —¿Quién es la más inteligente de la clase? (Elsa)
                         —*Elsa es la más inteligente de la clase.*

8. **Pronouns as objects of prepositions** The speaker will ask you some questions. Answer them in the negative. The speaker will verify your response. Repeat the correct answer.

    Modelo   —¿Vas a la fiesta conmigo?
                         —*No, no voy a la fiesta contigo.*

DÍGANOS

9. **Más preguntas** The speaker will ask you some questions. Answer, using the cues provided and always omitting the subject. The speaker will verify your response. Repeat the correct answer. Follow the model.

    Modelo   —¿Pedro come jamón o chorizo? (jamón)
                         —*Come jamón.*

EJERCICIOS DE COMPRENSIÓN

10. **Tres opciones** You will hear three statements about each picture. Indicate the letter of the statement that best corresponds to the picture. The speaker will verify your response.

1.

    a   b   c

2.

    a   b   c

3.

    a   b   c

Illustrations © Cengage Learning 2014

4.

     a   b   c

5.

     a   b   c

6.

     a   b   c

11. ¿Lógico o ilógico? You will now hear some statements. Indicate **L** if the statement is logical **(lógico)** or **I** if it is illogical **(ilógico).** The speaker will verify your response.

1. L I   6. L I
2. L I   7. L I
3. L I   8. L I
4. L I   9. L I
5. L I   10. L I

12. Diálogo Listen carefully to the dialogue, and then answer the questions, omitting the subjects. The speaker will confirm your response. Repeat the correct response.

Listen to the dialogue.

Now answer the speaker's questions.

PARA ESCUCHAR Y ESCRIBIR

13. Oraciones The speaker will read five sentences. Listen to each sentence twice. After you listen for the first time, stop the audio and write what you have heard. Then, play the sentence for a second time to check your work and fill in what you have missed.

1. _____

2. _____

3. _____

4. _____

5. _____

LECCIÓN 6
Workbook Activities

1. Por teléfono This is a phone conversation between Marga and Pablo. Use the appropriate form of stem-changing **o > ue** verbs to complete it.

—Marga, ¿tú _____ ir al mercado conmigo esta tarde?

—No, Pablo, hoy no _____ porque Eva y yo no _____ a casa hasta las

ocho de la noche.

—Lo siento. Oye, ¿tú _____ el número de teléfono del mercado? Yo no lo

_____ y necesito saber cuánto _____ la langosta allí.

—No, yo no _____ el número.

2. ¿Qué hacen los demás? *(What do others do?)* Nobody does what we do! Indicate this by using the information given to say what others do.

    Modelo   Nosotros estudiamos en nuestra casa. (ellos / en la biblioteca)
                Ellos estudian en la biblioteca.

1.   Nosotros servimos café. (tú / té)

    _____

2.   En un restaurante mexicano, nosotros pedimos tacos. (ellos / tamales)

    _____

3.   Nosotros conseguimos libros en español. (Mirta / italiano)

    _____

4.   Nosotros decimos que la clase es fácil. (Mario / difícil)

    _____

5.   Nosotros seguimos en la clase de cibernética. (Uds. / química)

    _____

3. ¿Qué preguntan? Answer each of the following questions that a group of friends ask each other by filling in the corresponding direct object pronoun and the verb.

    Modelo   —¿Necesitas las fresas?
                —*Sí, las necesito.*

1.   —¿Me llamas mañana?

    —Sí, _____ _____ mañana.

2. —¿Vas a comprar la lejía? *(2 ways)*

—Sí, _____ _____ a comprar ahora.

or —Sí, _____ a comprar_____ ahora.

3. —¿Llevan Uds. a su hija a la escuela *(school)*?

—Sí, _____ _____ a la escuela a las siete y media.

4. —¿Nos necesitan Uds. hoy?

—Sí, _____ _____ hoy.

5. —¿Roberto te conoce?

—Sí, _____ _____.

6. —¿Compras los camarones en ese mercado?

—Sí, _____ _____ allí.

7. —¿Los llaman a Uds. a las tres?

—Sí, _____ _____ a las tres.

8. —¿Uds. van a traer al hermano de Claudia hoy? *(2 ways)*

—Sí, _____ a traer_____ hoy.

or —Sí, _____ _____ a traer hoy.

4. **Un mensaje importante** Complete the following message Aurora found on her answering machine by giving the Spanish equivalent of the words in parentheses.

Hola, Aurora, habla Leila. Necesito tu libro de historia. ¿(1. *Can you bring it*)

_____ esta noche? Yo voy a (2. *call you*) _____ más tarde.

¿Tú hablas con Jorge hoy? Yo necesito (3. *see him*) _____ mañana. Ah, Olga y yo

tenemos que ir al correo el viernes. ¿Tú puedes (4. *take us*) _____ ? Si puedes

(5. *do it*) _____, puedes (6. *call me*) _____ al 285-3942.

5. **¡Ni me hables!** *(Don't even speak to me!)* You are in a very negative mood. Answer your friends' questions in the negative.

1. ¿Quieres café o té?

_____

2. ¿Quieres comer algo?

_____

3. ¿Vas a salir con alguien hoy?

_____

4. ¿Siempre bailas salsa?

_____

5. ¿Tienes algunos amigos de Managua?

_____

6. ¿Tú ves a tus amigos de la universidad alguna vez en el verano?

_____

6. ¿Cuánto tiempo hace? Indicate how long these things have been going on by using the information in parentheses and the expression **hace... que.**

Modelo Yo trabajo aquí desde *(since)* enero. Estamos en junio.
Hace cinco meses que trabajo aquí.

1. Yo estoy en la pescadería desde las diez. (Son las diez y veinte.)

_____

2. Vivimos aquí desde el año 2010. (Estamos en 2013.)

_____

3. Estamos estudiando desde las once. (Son las doce.)

_____

4. Conozco a Julio desde septiembre. (Estamos en febrero.)

_____

5. No veo a mis padres desde el lunes. (Hoy es sábado.)

_____

7. La lista de Marisol This is a list that Marisol wrote before going to the supermarket. Supply the missing words, using vocabulary from **Lección 6.**

1. _____ de cordero

2. papel _____

3. una _____ de huevos

4. _____ de tomate

5. _____ Tide

6. _____ Clorox

7. mariscos: _____ y _____

8. Crucigrama

HORIZONTAL

1. Hoy no trabajo. Tengo el _____ libre.
2. Tengo que comprar papel _____.
5. banana
10. persona que cocina *(fem.)*
12. Ana y Luis son _____ casados.
16. ¿Tú _____ ternera o cordero?
17. Yo no le pongo _____ al café.
18. Necesitan _____ de tomate.
19. Voy a preparar mis _____ espaguetis.
21. langosta, camarones, cangrejo, etc.
22. Compro salmón en la _____.

VERTICAL

1. Fab o Tide, por ejemplo
3. ¿Cuánto _____ el pescado? ¿Tres dólares?
4. No vivo en una casa; vivo en un _____.
6. vegetal bajo en calorías
7. Ayer yo _____ a mi casa a las tres.
8. Compro el pan en la _____.
9. Están en un mercado al aire _____.
11. Ellos compran _____ de cerdo.
13. ají
14. Él va a comer mucho porque está _____ de hambre.
15. vegetal favorito de Bugs Bunny
20. La carne es un poco _____; cuesta $10.

9. En un mercado al aire libre This is a conversation between doña María, a regular customer, and a vendor at an outdoor market. Supply the missing words, using vocabulary from **Lección 6.**

—Buenos días, doña María. ¿Qué _____ desea Ud. hoy? Las fresas están muy

sabrosas *(tasty).*

—Quiero _____ para hacer jugo y _____ para hacer un pastel.

—¿Desea algo más?

—Sí, necesito carne: _____ de cerdo y de _____.

—¿Va a llevar algún tipo de mariscos?

—Sí, una _____ y seis _____.

—¿No desea camarones?

—No, no me gustan los camarones.

—Ah, doña María, la _____ de su casa estuvo *(was)* ayer en la _____

para _____ pescado y dejó *(left)* su bolsa con dinero. ¿Ud. puede llevársela?

—Sí, yo se la llevo, y muchas gracias.

10. ¿Qué dice aquí? Look at the supermarket ad and answer the following questions.

1. ¿Cómo se llama el supermercado? ¿En qué ciudad está?

    _____

2. ¿Qué frutas puede Ud. comprar a precios especiales?

    _____

3. ¿Cuánto debe pagar por una libra de bananas?

    _____

4. ¿Qué puede comprar en la carnicería del mercado?

    _____

5. En la pescadería, ¿qué puede comprar y cuánto debe pagar por cada libra?

    _____

6. ¿Por cuánto tiempo duran *(last)* estos precios?

    _____

7. En la panadería, ¿cuánto cuesta el pan?

_____

8. ¿Aceptan tarjetas de crédito (*credit cards*) en el mercado?

_____

¡Atención! **libra (lb.)** = *pound*, **centavo ¢** = *cent*

PARA LEER

11. Una cena especial Read the following story, and then answer the questions.

Antonio va a invitar a unos amigos a comer. Por la mañana va a ir de compras al supermercado. Sabe que va a gastar mucho dinero, pero quiere preparar una cena magnífica. Piensa hacer un pastel de chocolate y para eso tiene que comprar harina°, leche, huevos, chocolate, mantequilla y azúcar. Va a preparar también una ensalada de frutas muy buena con naranjas, uvas, peras, bananas y otras frutas. Va a ir a la carnicería y a la pescadería para comprar pollo y mariscos para hacer una paella, un plato típico español que les va a gustar mucho a sus invitados°. No va a tener que comprar vino porque sus amigos lo van a traer.

flour

guests

1. ¿A quiénes va a invitar Antonio a comer?

   _____

2. ¿Adónde va a ir por la mañana?

   _____

3. ¿Cómo va a ser la cena?

   _____

4. ¿Va a costar mucho dinero preparar la cena?

   _____

5. ¿Qué ingredientes usa para hacer el pastel de chocolate?

   _____

6. ¿Qué tipo de ensalada piensa preparar?

   _____

7. ¿Con qué frutas va a preparar la ensalada?

   _____

8. ¿Qué es una paella?

   _____

9. ¿Puede decirnos dos ingredientes de la paella?

   _____

10. ¿Quiénes van a traer el vino?

   _____

12. Correo electrónico Write an e-mail to your parents, telling them about a meal you are going to prepare for some friends. Tell whom you are going to invite and what you are going to eat. You can also mention the ingredients of a particularly good dish, what else you are going to do, and whether you are going to have fun. Use what you have learned, both about letter writing and sequencing words.

_____

_____

_____

_____

_____

_____

_____

_____

_____

_____

_____

13. Sobre el mundo hispánico Refer to this section of your textbook to see how much you remember. Indicate the word that correctly completes each sentence.

1. De todos los países centroamericanos, Costa Rica tiene el (mayor, menor) número de analfabetos.

2. La capital de Costa Rica es (San Juan, San José).

3. El Canal es administrado por Panamá desde el año (1995, 2000).

4. La principal fuente de ingreso de Panamá proviene (de la agricultura, del Canal).

5. La mayor atracción turística de Honduras es (Copán, Tikal).

6. Nicaragua es el país (más, menos) extenso de Centroamérica.

Listening Activities

PRONUNCIACIÓN

1. **Las consonantes *ll*, *ñ*** Listen and repeat the following words, paying close attention to the pronunciation of **ll** and **ñ**.

   llevar / allí / sello / estampilla / ventanilla / llamar / amarillo / mañana / castaño / español / señora / otoño

   Now listen and repeat the following sentences, paying close attention to the pronunciation of **ll** and **ñ**.

   1. Los sellos del señor Peña están allí.

   2. La señorita Acuña es de España.

   3. La señora va a llamar mañana.

   4. El señor Llanos llega en otoño.

   5. Venden estampillas en esa ventanilla.

DIÁLOGOS

2. **En el mercado** Listen to the dialogues twice, paying close attention to the speakers' intonation and pronunciation patterns. First, listen to the entire dialogue; then, as you listen for a second time, stop the recording after each sentence and repeat after the speakers.

   Listen to dialogue 1.

   Now listen to dialogue 2.

3. **Preguntas y respuestas** The speaker will ask several questions based on the dialogues. Answer each question, always omitting the subject. The speaker will verify your response. Repeat the correct answer.

PUNTOS PARA RECORDAR

4. **Stem-changing verbs: *o > ue*** The speaker will ask several questions. Answer each one, using the cue provided. The speaker will verify your response. Repeat the correct answer. Follow the model.

   Modelo —¿Recuerdas la dirección de Ariel? (sí)
   —*Sí, recuerdo la dirección de Ariel.*

5. **Stem-changing verbs: *e > i*** The speaker will ask several questions. Answer each one, using the cue provided. The speaker will verify your response. Repeat the correct answer. Follow the model.

   Modelo —¿Qué sirven Uds. por la mañana? (café)
   —*Servimos café.*

6. **Direct object pronouns** Answer each of the following questions in the affirmative, using the appropriate direct object pronoun. The speaker will verify your response. Repeat the correct answer. Follow the model.

    Modelo   —¿Necesitas las frutas?
                —*Sí, las necesito.*

7. **Negative expressions** Change each of the following sentences to the negative. The speaker will verify your response. Repeat the correct answer. Follow the model.

    Modelo   Necesito algo.
                No necesito nada.

8. **Hace... que** Answer each question you hear, using the cue provided. The speaker will verify your response. Repeat the correct answer. Follow the model.

    Modelo   —¿Cuánto tiempo hace que Ud. vive aquí? (diez años)
                —*Hace diez años que vivo aquí.*

DÍGANOS

9. **Más preguntas** The speaker will ask you some questions. Answer them, using the cues provided and always omitting the subject. The speaker will verify your response. Repeat the correct answer. Follow the model.

    Modelo   —¿En qué mercado compra Ud.? (mercado al aire libre)
                —*Compro en un mercado al aire libre.*

EJERCICIOS DE COMPRENSIÓN

10. **Tres opciones** You will hear three statements about each picture. Indicate the letter of the statement that best corresponds to the picture. The speaker will verify your response.

1.

    a   b   c

2.

    a   b   c

3.

    a   b   c

Illustrations © Cengage Learning 2014

4.

a   b   c

5.

a   b   c

11. ¿Lógico o ilógico? You will now hear some statements. Indicate **L** if the statement is logical (**lógico**) or **I** if it is illogical (**ilógico**). The speaker will verify your response.

1.   L   I   6.   L   I
2.   L   I   7.   L   I
3.   L   I   8.   L   I
4.   L   I   9.   L   I
5.   L   I   10.   L   I

12. Diálogo Listen carefully to the dialogue, and then answer the questions, omitting the subjects. The speaker will confirm your response. Repeat the correct response.

Listen to the dialogue.

Now answer the speaker's questions.

PARA ESCUCHAR Y ESCRIBIR

13. Oraciones The speaker will read five sentences. Listen to each sentence twice. After you listen for the first time, stop the audio and write what you have heard. Then, play the sentence for a second time to check your work and fill in what you have missed.

1. _____

2. _____

3. _____

4. _____

5. _____

LECCIÓN 7
Workbook Activities

PARA PRACTICAR

1. **Para hablar del pasado** Complete the following chart with the missing forms of the preterit.

Infinitive	yo	tú	Ud., él, ella	nosotros(as)	Uds., ellos(as)
1. hablar	hablé	hablaste	habló	hablamos	hablaron
2. trabajar	trabajé			trabajamos	
3. cerrar			cerró		
4. empezar		empezaste			
5. llegar				llegamos	
6. buscar					buscaron
7. comer	comí	comiste	comió	comimos	comieron
8. beber			bebió		
9. volver	volví				
10. leer			leyó		
11. creer	creí				
12. vivir	viví	viviste	vivió	vivimos	vivieron
13. escribir		escribiste			
14. recibir				recibimos	
15. abrir			abrió		

2. **¿Qué pasó ayer?** Compare what everybody always does to what everyone did yesterday, using the cues provided.

1. Sergio siempre vuelve a su casa a las cinco. (siete)

   _____

2. Yo siempre comienzo a trabajar a las ocho. (siete)

   _____

3. Ellos siempre leen *Newsweek.* *(People)*

   _____

4. Uds. siempre empiezan a estudiar a las siete. (nueve)

   _____

5. Yo siempre llego a casa temprano. (tarde)

   _____

6. Daniela siempre come en la cafetería. (en su casa)

   _____

7. Yo siempre saco la basura por la mañana. (por la noche)

_____

8. Tú siempre compras naranjas. (manzanas)

_____

3. En el pasado... Rewrite the following dialogue in the past tense.

—¿Adónde vas?
—Voy a la fiesta que da Sergio.
—¿Susana va contigo?
—No. Oye, ¿tú das una fiesta el sábado?
—Yo doy una fiesta, pero no es el sábado.
—¿El Dr. Vargas y la Dra. Torres van a tu fiesta?
—Sí, ellos son mis profesores.

_____

_____

_____

_____

_____

_____

_____

_____

4. De compras We all went shopping yesterday to buy presents for each other for the coming holidays. To indicate who bought what for whom, follow the model.

Modelo   yo / a papá / una computadora
Yo le compré una computadora a papá.

1. papá / a mí / un microondas

_____

2. mamá / a ti / una licuadora

_____

3. yo / a mis hermanos / ropa

_____

4. mis padres / a nosotros / una lavadora

_____

5. mi abuela / a mi hermana / un escritorio

_____

6. nosotros / a Uds. / unos relojes

_____

7. tú / a tu amiga/ una cafetera

_____

8. Ud. / a sus amigos / libros

_____

5. Conversaciones breves Complete the exchanges you heard in the school cafeteria, using the Spanish equivalent of the words in parentheses.

1. —¿Tus padres _____ dinero? *(sent you)*

    —Sí, _____ quinientos dólares. *(they sent me)*

2. —Tu novio está en Costa Rica. ¿Tú _____? *(write to him)*

    —Sí, yo _____ todos los días. *(write to him)*

3. —¿El profesor _____ en inglés? *(speaks to you, pl.)*

    —No, él siempre _____ en español. *(speaks to us)*

4. —Profesor, ¿la secretaria _____ los libros? *(gave you)*

    —Sí, esta mañana.

5. —¿Tú _____? *(paid them)*

    —Sí, _____ ayer. *(I paid them)*

6. ¿Qué nos gusta? Complete the following chart, using the Spanish construction with **gustar.**

English	Indirect Object	Verb gustar	Person(s) or Thing(s) Liked
1. I like this book.	Me	gusta	este libro.
2. I like these pens.	Me	gustan	estas plumas.
3. You *(fam.)* like the house.	Te		
4. He likes the clocks.	Le		los relojes.
5. She likes the desk.			
6. We like the chair.	Nos		
7. You *(pl.)* like the restaurant.	Les	gusta	
8. They like to work and study.			
9. I like this room.			
10. He likes to skate.			
11. We like those classes.			

7. Eso nos gusta más Rewrite the following sentences, substituting **gustar más** for **preferir,** to indicate what everybody likes better.

> Modelo   Mi mamá prefiere esa computadora.
> *A mi mamá le gusta más esa computadora.*

1. Mis padres prefieren ir al teatro.

   _____

2. Mi hermano prefiere los restaurantes mexicanos.

   _____

3. Yo prefiero ir al partido de béisbol.

   _____

4. ¿Tú prefieres ese florero?

   _____

5. Nosotros preferimos salir temprano.

   _____

6. ¿Uds. prefieren el verano?

   _____

8. De la mañana a la noche Tell what everybody did yesterday, by using the cues provided.

1. papá / levantarse / temprano

   _____

2. mis hermanos / afeitarse / en el baño

   _____

3. yo / bañarse / por la mañana

   _____

4. nosotros / sentarse / a comer / en la cocina

   _____

5. tú / probarse / la ropa

   _____

6. mamá / despertarse / tarde

   _____

7. Uds. / lavarse / las manos

   _____

8. todos nosotros / acostarse / a las diez

   _____

9. Entre amigos Two friends are talking. Match their questions in column **A** with the answers in column **B**.

A		**B**	
1.	_____ ¿A qué hora se levantaron?	a.	Sí, un rato.
2.	_____ ¿Fueron al cine?	b.	Antes de la medianoche.
3.	_____ ¿Van a ir a la recepción?	c.	No, a merendar.
4.	_____ ¿Se van a divertir?	d.	A Colorado.
5.	_____ ¿Te invitó a cenar?	e.	El florero.
6.	_____ ¿Qué rompiste?	f.	Muy temprano.
7.	_____ ¿A qué hora tienes que volver?	g.	Al zoológico.
8.	_____ ¿Montaste en bicicleta?	h.	No, a caballo.
9.	_____ ¿Adónde llevaste a los niños?	i.	No, al teatro.
10.	_____ ¿Adónde fueron a esquiar?	j.	No, se van a aburrir.
11.	_____ ¿Tienes hermanos?	k.	A una discoteca.
12.	_____ ¿Adónde fuiste a bailar?	l.	No, es muy pobre.
13.	_____ ¿Fuiste a California?	m.	Una comedia romántica.
14.	_____ ¿Tiene dinero?	n.	Sí, sin falta.
15.	_____ ¿Tengo que ir hoy?	o.	No, soy hijo único.
16.	_____ ¿Qué película ponen?	p.	Sí, la semana pasada.

10. ¿Cuál no va? Circle the word or phrase that does not belong in each group.

1.	gemelos	mellizos	últimos
2.	vez	partido	juego
3.	nadar	salir	entrar
4.	divertirse	reírse	aburrirse
5.	ir a esquiar	ir a un concierto	escalar una montaña
6.	navegar	pescar	ir a un museo
7.	jardín botánico	discoteca	club nocturno
8.	sábado y domingo	medianoche	fin de semana
9.	cambiar	preferir	gustar más
10.	bromear	mandar	enviar

11. ¿Qué pasa aquí? Look at the illustration and answer the following questions.

1. ¿Qué no le gusta a Luis?

_____

2. ¿Adónde le gusta ir?

_____

3. ¿Luis es menor o mayor que Lidia?

_____

4. ¿Quién se está quejando?

_____

5. ¿Adónde quiere ir ella?

_____

6. ¿Qué cree Ud. que le gusta hacer a Lidia?

_____

7. ¿Qué quiere ver don Aurelio en la televisión?

_____

8. ¿A él le gustan las telenovelas?

_____

9. ¿Qué recibió Magali?

_____

10. ¿A qué hora es la recepción?

_____

PARA LEER

12 Actividades para dos Read the following story about Ángela and Amalia, and then answer the questions.

Ángela y Amalia son compañeras de cuarto. Ángela se levantó muy temprano hoy, pero Amalia todavía está durmiendo porque anoche fue a una recepción y volvió muy tarde. Se acostó a la medianoche.

Ángela tiene muchos planes para esta tarde: estudiar en la biblioteca, visitar a una amiga que está en el hospital y, por la noche, mirar un programa educativo en la televisión.

Amalia piensa ir al club a nadar y a patinar, y por la noche va a ir a una discoteca con unos amigos.

Amalia siempre invita a Ángela a ir con ella, pero Ángela nunca acepta. Amalia dice que Ángela probablemente se aburre como una ostra.

1. ¿Quién es la compañera de cuarto de Ángela?

   _____

2. ¿Amalia está durmiendo todavía o ya se despertó?

   _____

3. ¿Adónde fue Amalia anoche?

   _____

4. ¿A qué hora se acostó?

   _____

5. ¿Dónde va a estudiar Ángela esta tarde?

   _____

6. ¿Dónde está la amiga de Ángela?

   _____

7. ¿Qué va a hacer Ángela por la noche?

   _____

8. ¿Qué piensa hacer Amalia en el club?

   _____

9. ¿Adónde va a ir por la noche?

   _____

10. ¿Qué dice Amalia de Ángela?

    _____

PARA ESCRIBIR

13. Cronología Clarity is an important element in any type of writing. A chronological relation of actions or events is one technique you can use to convey a clear picture for your reader. Indicating days of the week, time, or general time references **(por la mañana / tarde)** helps establish a clear sequence of events. Other useful sequencing words are **primero, luego, después, por fin, finalmente.**

Write one or two paragraphs about what you did yesterday and where you went. Relate the events chronologically, and include what time you got up and what time you went to bed.

_____

_____

_____

_____

_____

_____

_____

_____

_____

_____

_____

_____

_____

Listening Activities

1. **Las consonantes *l*, *r*, *rr***

   Listen and repeat the following words, paying close attention to the pronunciation of the consonants **l**, **r**, and **rr.**

   película / levantan / último / Olga / Aranda / volvieron / invitaron / florero / aburrirse / recepción / reírse / Enrique / correr

   Now listen and repeat the following sentences, paying close attention to the pronunciation of the consonants **l**, **r**, and **rr.**

   1. Aldo y Olga les dan un árbol.

   2. Pablo Casals y Laura Saldán van con Lola.

   3. Carlos Aranda es de Paraguay.

   4. Raúl Correa y Enrique Rubio son ricos.

DIÁLOGOS

2. **Un fin de semana** Listen to the dialogues twice, paying close attention to the speakers' intonation and pronunciation patterns. First, listen to the entire dialogue; then, as you listen for a second time, stop the recording after each sentence and repeat after the speakers.

3. **Preguntas y respuestas** The speaker will ask several questions based on the dialogues. Answer each question, always omitting the subject. The speaker will verify your response. Repeat the correct answer.

PUNTOS PARA RECORDAR

4. **Preterit of regular verbs** The speaker will make several statements. Change each statement by making the verb preterit. The speaker will verify your response. Repeat the correct answer. Follow the model.

   Modelo   Yo trabajo con ellos.
   Yo trabajé con ellos.

5. **Preterit of *ser*, *ir*, and *dar*** The speaker will ask several questions. Change each question by making the verb preterit. The speaker will verify your response. Repeat the correct answer. Follow the model.

   Modelo   ¿Adónde van ellos?
   ¿Adónde fueron ellos?

6. **Indirect object pronouns** The speaker will ask several questions. Answer each one, using the cue provided. Pay special attention to the use of indirect object pronouns. The speaker will verify your response. Repeat the correct answer. Follow the model.

> **Modelo** —¿Tú le escribiste a tu tío? (sí)
> —*Sí, le escribí.*

7. **The verb *gustar*** Answer each question you hear, always choosing the first possibility. The speaker will verify your response. Repeat the correct answer. Follow the model.

> **Modelo** —¿Te gusta más la langosta o el pescado?
> —*Me gusta más la langosta.*

8. **Reflexive constructions** Answer each question you hear, using the cue provided. The speaker will verify your response. Repeat the correct answer. Follow the model.

> **Modelo** —¿A qué hora te levantas tú? (a las siete)
> —*Me levanto a las siete.*

DÍGANOS

9. **Más preguntas** The speaker will ask you some questions. Answer, using the cues provided and always omitting the subject. The speaker will verify your response. Repeat the correct answer. Follow the model.

> **Modelo** —¿A qué hora se despiertan Uds.? (a las cinco y media)
> —*Nos despertamos a las cinco y media.*

EJERCICIOS DE COMPRENSIÓN

10. **Tres opciones** You will hear three statements about each picture. Indicate the letter of the statement that best corresponds to the picture. The speaker will verify your response.

1.   a   b   c   2.   a   b   c   3.   a   b   c

Illustrations © Cengage Learning 2014

4.

5.

a   b   c

6.

Illustrations © Cengage Learning 2014

a   b   c   a   b   c   a   b   c

11. ¿Lógico o ilógico? You will now hear some statements. Indicate **L** if the statement is logical (**lógico**) or **I** if it is illogical (**ilógico**). The speaker will verify your response.

1.	L I	6.	L I
2.	L I	7.	L I
3.	L I	8.	L I
4.	L I	9.	L I
5.	L I	10.	L I

12. Diálogo Listen carefully to the dialogue, and then answer the questions, omitting the subjects. The speaker will confirm your response. Repeat the correct response.

Listen to the dialogue.

Now answer the speaker's questions.

PARA ESCUCHAR Y ESCRIBIR

13. Oraciones The speaker will read five sentences. Listen to each sentence twice. After you listen for the first time, stop the audio and write what you have heard. Then, play the sentence for a second time to check your work and fill in what you have missed.

1. _____

2. _____

3. _____

4. _____

5. _____

LECCIÓN 8
Workbook Activities

1. En el pasado Complete the chart below with the missing forms of the infinitive and preterit.

Infinitive	yo	tú	Ud., él, ella	nosotros(as)	Uds., ellos(as)
1. traducir			tradujo		
2. traer		trajiste			
3.	tuve				tuvieron
4.			puso		pusieron
5. saber		supiste			
6.	hice			hicimos	
7.			quiso		quisieron
8.		condujiste		condujimos	
9. estar			estuvo		
10.	dije			dijimos	
11.	pude	pudiste			
12.			vino		vinieron

2. ¿Qué pasó? Complete the exchanges you heard at the club yesterday with the preterit of the verbs in parentheses.

1. —¿Tus hermanos (venir) _____ esta mañana?

   —Sí, y nos (traer) _____ las bolsas de dormir. Yo las

   (poner) _____ en mi cuarto.

2. —¿Roberto (poder) _____ ir al cine ayer o

   (tener) _____ que trabajar?

   —Él (estar) _____ en casa de sus amigos todo el día.

3. —¿Qué te (decir) _____ tus padres de sus planes para el verano?

   —No (querer) _____ decirme nada todavía (yet).

4. —¿Cómo (venir) _____ tu primo a tu apartamento ayer?

   —Él (conducir) _____ el coche de papá.

3. ¿A quién se lo damos? Complete the chart below with the Spanish equivalent of the English sentences. Use the masculine singular direct object pronoun **lo** in each response.

English	Subject	Indirect Object Pronoun	Direct Object Pronoun	Verb
1. I give it (m.) to you.	Yo	te	lo	doy.
2. You give it to me.	Tú			
3. I give it to him.		se		
4. We give it to her.				damos.
5. They give it to us.				
6. I give it to you (**Ud.**).				
7. You give it to them.	Tú			

4. Mamá es muy generosa Tell for whom your Mom buys things, replacing the direct objects with direct object pronouns.

> **Modelo** Yo quiero una tienda de campaña.
> *Mamá me la compra.*

1. Nosotros queremos dos raquetas de tenis.

   _____

2. Tú quieres una tabla de mar.

   _____

3. Los chicos quieren trajes de baño.

   _____

4. Yo quiero unos palos de golf.

   _____

5. El niño quiere una pelota.

   _____

6. Usted quiere una bolsa de dormir.

   _____

5. ¿Lo hicieron o no? Someone wants to know whether everyone did what they were supposed to do. Answer the following questions in the affirmative, replacing the direct objects with direct object pronouns.

1. ¿Me trajiste el dinero?

   _____

2. ¿Les dieron los palos de golf a ustedes?

   _____

3. ¿Le diste el traje de baño a Mirta?

_____

4. ¿Te compraron la raqueta?

_____

5. ¿Le trajeron la escopeta a usted?

_____

6. ¿Ustedes les prestaron las bolsas de dormir a ellas?

_____

7. ¿Me limpiaste la cabaña?

_____

8. ¿Les prepararon la comida a ustedes?

_____

6. ¿Y qué hicieron ellas? Lola and Marisol never do what others do. Tell what happened last week. Use the information given.

1. En el restaurante todos pedimos tamales. (ellas / tacos)

_____

2. En la fiesta yo serví champán. (Lola / cerveza)

_____

3. Nosotros nos divertimos mucho en el club. (ellas / no)

_____

4. Cuando estuvimos en Bogotá, todos dormimos en un hotel. (Marisol / en casa de una amiga)

_____

5. Para ir al cementerio *(cemetery)*, todos nos vestimos de negro. (ellas / de rojo)

_____

7. ¿Qué sucedió? *(What happened?)* Rewrite the following sentences to indicate that everything happened in the past.

1. Él viene a verme. Me pide dinero y yo se lo doy.

_____

2. Los chicos se divierten mucho, pero después tienen que trabajar.

_____

3. Ellos traen las cartas, las traducen y las ponen en el escritorio.

_____

4. Ella está en la fiesta. ¿Qué hace él?

_____

5. Nosotros hacemos el café y ellos lo sirven.

_____

6. Ella no puede venir hoy, pero no les dice nada a sus padres.

_____

7. Muchas personas mueren en accidentes.

_____

8. Teresa no consigue trabajo, pero sigue buscando.

_____

8. Hace diez años Ten years ago Mireya wrote this composition about herself and her family. Rewrite her composition, using the imperfect tense.

Mi padre trabaja para la compañía Reyes y mi madre enseña en la universidad. Ella es una profesora excelente. Todos los veranos, mi familia y yo vamos a Caracas a ver a nuestros tíos, y siempre nos divertimos mucho. Mis abuelos viven en Bogotá y no los vemos mucho, pero siempre les escribimos o los llamamos por teléfono.

_____

_____

_____

_____

_____

_____

_____

_____

_____

_____

9. En otros tiempos Complete the following exchanges about life in the past, with the Spanish equivalent of the words in parentheses.

1. —¿Ustedes veían a sus abuelos _____? *(frequently)*

    —No, los veíamos muy _____. *(rarely)*

2. —¿A qué hora te levantabas tú _____? *(generally)*

    —_____ me levantaba a las seis. *(normally)*

3. —¿Tú entendías a tu profesora de japonés?

    —Sí, porque siempre hablaba _____.

    (slowly and clearly)

10. Crucigrama

HORIZONTAL

2. Compré una _____ de mar.
4. Voy a _____ una caminata.
5. Yo hago _____ acuático.
7. Están durmiendo bajo las _____.
9. Necesito una _____ para jugar al tenis.
10. No voy en canoa porque no sé _____.
11. El niño me dio un _____ cuando me vio.
14. Me gusta mucho. Me _____.
15. Trabaja en la playa. Es _____.
17. Ada me prestó una bolsa de _____.
19. Yo recibo muchos correos _____.
20. Ellos son de Bogotá. Son _____.

VERTICAL

1. Necesito mi _____ de baño.
3. No va a comprar la casa. La va a _____.
4. Va a _____ en un hotel.
6. Tengo una caña de _____ nueva.
8. Carmen no tiene tiendas de _____.
12. Me gustan las _____ al aire libre.
13. Necesito la escopeta para ir a _____.
16. Yo _____ de llegar al hotel.
18. Raúl necesita los _____ de golf.

11. En un gimnasio Complete the following conversation you heard at the gymnasium by supplying the missing words. Use vocabulary from **Lección 8.**

—Luis, ¿qué vas a hacer este fin de semana?

—Mis primos me invitaron a ir a _____ con ellos.

—¿Piensan alquilar una cabaña *(cabin)*?

—No, vamos a llevar tiendas de _____ y _____ de dormir.

—¿Van a ir a pescar?

—Sí, tengo una _____ de pescar nueva. Además, Julio tiene una canoa

(canoe) y pensamos _____ en el lago *(lake)*.

—¿Cuánto tiempo van a estar allí?

—Solo dos o tres días, pero pienso _____ una caminata

todos los días. Y tú, ¿qué vas a hacer?

—Voy a ir a la playa para nadar, _____ y hacer surfing.

12. ¿Qué dice aquí? Read the following ad that appeared in a Mexican newspaper, and then answer the questions.

¡Visite nuestro país!

¿Le gustan los deportes y las actividades al aire libre? Entonces VENGA a Puerto Rico y ENCUENTRE muchas oportunidades para disfrutar de la naturaleza.

Nade en las bellas playas naturales o en las piscinas° de nuestros hoteles de lujo.

Acampe en la montaña o en el llano°.

Aprenda a bucear.

Pesque en el mar, en los ríos° y en los lagos.

Observe cientos° de aves y otros animales.

Juegue al fútbol y al tenis, y al deporte nacional: ¡el béisbol!

¡VENGA A PUERTO RICO!

swimming pools

plain

rivers

hundreds

1. ¿Qué deben hacer las personas que aman los deportes y las actividades al aire libre?

   _____

2. ¿Por qué es Puerto Rico el lugar ideal para esas personas?

   _____

3. ¿Cómo son las playas de Puerto Rico?

   _____

4. Además de nadar en las playas, ¿dónde se puede nadar?

   _____

5. ¿Dónde se puede acampar en este país?

   _____

6. ¿Qué se puede aprender a hacer en Puerto Rico?

   _____

7. ¿En qué lugares se puede pescar? ¿Se pueden observar aves?

_____

8. ¿Qué deportes puede usted practicar en Puerto Rico?

_____

13. Un mensaje Read the following note Lucía wrote to her friend Amelia, and then answer the questions.

Querida Amelia:

¡No puedo creerlo! Hace una semana que estoy aquí. Ya que no podemos conversar, te mando este mensaje y me hago la ilusión de que estás en Puerto Rico conmigo.

Hugo Luis y yo fuimos a acampar cerca de un lago. Hemos hecho de todo: cazamos, hicimos una caminata, nadamos, buceamos, remamos... Hugo Luis fue a pescar con sus primos, y Estela y yo fuimos a la playa a tomar el sol.

Queremos quedarnos° más tiempo, pero tenemos que volver porque   *stay*
empezamos a trabajar el 30 de agosto.

Te llamo muy pronto.

Cariños, Lucía

1. ¿Cuánto tiempo hace que Lucía y Hugo Luis están en Puerto Rico?

_____

2. ¿Qué no pueden hacer Amelia y Lucía?

_____

3. ¿Adónde fueron a acampar Hugo Luis y Lucía?

_____

4. ¿Qué hicieron ellos?

_____

5. ¿Qué hicieron Hugo Luis y sus primos?

_____

6. ¿Con quién fue Lucía a la playa? ¿Qué hizo allí?

_____

7. ¿Por qué no pueden quedarse Hugo Luis y Lucía más tiempo?

_____

8. ¿Cuándo van a empezar a trabajar ellos?

_____

9. ¿Qué va a hacer Lucía muy pronto?

_____

Nombre _____ Sección _____ Fecha _____

14. Un correo electrónico María Inés was supposed to go with you and a group of friends for a fun-filled weekend but couldn't make it. E-mail her and tell her what you did and what she missed. Start by brainstorming a list of possible activities.

_____

_____

_____

_____

Now write your e-mail to María Inés.

_____

_____

_____

_____

_____

_____

_____

_____

_____

_____

_____

15. Sobre el mundo hispánico Refer to this section of your textbook to see how much you remember. Indicate the word that correctly completes each sentence.

1. (Cuba / Puerto Rico) es la mayor de las islas del archipiélago de las Antillas.
2. Cuba exporta (café / tabaco).
3. En Puerto Rico viven cerca de (cuatro / seis) millones de habitantes.
4. La música típica de Colombia incluye (el mambo / la cumbia).
5. Santo Domingo fue la (primera / tercera) ciudad europea fundada en el Nuevo Mundo.
6. Simón Bolívar nació *(was born)* en (Caracas / Bogotá).
7. En Venezuela están las cataratas más altas del mundo: (el Salto Ángel / las cataratas de Iguazú).

Listening Activities

1. **Entonación** Listen and repeat the following sentences, paying close attention to your pronunciation and intonation.

   1. Se juntan con otros chicos los fines de semana.

   2. Yo sé que tú nunca ibas a acampar.

   3. Supongo que tampoco tienes caña de pescar.

   4. No sé si agradecerte tu invitación.

   5. Es hora de tener una nueva experiencia.

CORREOS ELECTRÓNICOS

2. **La invitación de Sandra** Listen to the e-mails twice, paying close attention to the speakers' intonation and pronunciation patterns. First, listen to the entire e-mail; then, as you listen for a second time, stop the recording after each sentence and repeat after the speakers.

   Listen to e-mail 1.

   Now listen to e-mail 2.

3. **Preguntas y respuestas** The speaker will ask several questions based on the dialogues. Answer each question, always omitting the subject. The speaker will verify your response. Repeat the correct answer.

PUNTOS PARA RECORDAR

4. **Preterit of irregular verbs** You will hear several statements in the present tense. Change the verbs in each sentence from the present to the preterit. The speaker will verify your response. Repeat the correct answer. Follow the model.

   Modelo   Están allí.
   Estuvieron allí.

5. **Direct and indirect object pronouns used together** The speaker will ask several questions. Answer each one, using the cue provided and replacing the direct object with the corresponding direct object pronoun. The speaker will verify your response. Repeat the correct answer. Follow the model.

   Modelo   —¿Quién te trajo la caña de pescar? (Teresa)
   —*Me la trajo Teresa.*

6. **Stem-changing verbs in the preterit** Change each sentence you hear, substituting the new subject given. The speaker will verify your response. Repeat the correct answer. Follow the model.

   Modelo   Yo serví la comida. (Jorge)
   Jorge sirvió la comida.

7. **The imperfect tense** Change each of the sentences you hear to the imperfect tense. The speaker will verify your response. Repeat the correct answer. Follow the model.

> **Modelo**   Hablo español.
> *Hablaba español.*

8. **Formation of adverbs** Change each adjective you hear to an adverb. The speaker will verify your response. Repeat the correct answer. Follow the model.

> **Modelo**   fácil
> *fácilmente*

DÍGANOS

9. **Más preguntas** The speaker will ask you some questions. Answer, using the cues provided and always omitting the subject. The speaker will verify your response. Repeat the correct answer. Follow the model.

> **Modelo**   —¿Adónde iba usted de vacaciones siempre? (a la playa)
> —*Siempre iba a la playa.*

EJERCICIOS DE COMPRENSIÓN

10. **Tres opciones** You will hear three statements about each picture. Indicate the letter of the statement that best corresponds to the picture. The speaker will verify your response.

11. ¿Lógico o ilógico? You will now hear some statements. Indicate **L** if the statement is logical (**lógico**) or **I** if it is illogical (**ilógico**). The speaker will verify your response.

1. L I	6. L I
2. L I	7. L I
3. L I	8. L I
4. L I	9. L I
5. L I	10. L I

12. Diálogo Listen carefully to the dialogue, and then answer the questions, omitting the subjects. The speaker will confirm your response. Repeat the correct response.

Listen to the dialogue.

Now answer the speaker's questions.

PARA ESCUCHAR Y ESCRIBIR

13. Oraciones The speaker will read five sentences. Listen to each sentence twice. After you listen for the first time, stop the audio and write what you have heard. Then, play the sentence for a second time to check your work and fill in what you have missed.

1. _____

2. _____

3. _____

4. _____

5. _____

LECCIÓN 9

Workbook Activities

PARA PRACTICAR

1. ¿Por o para? Complete each sentence with either **por** or **para,** and indicate the reason for your choice by placing the corresponding letter beside the preposition, in the blank provided.

Uses of **por**

a. motion: through, along, by, via
b. cause or motive of an action
c. means, manner, unit of measure
d. in exchange for
e. period of time during which an action takes place
f. in seach of

Uses of **para**

g. destination in space
h. goal for a specific point in time
i. whom or what something is for
j. objective
k. in order to

Mañana salgo _____ Quito. Voy _____ avión *(plane)*. Pagué $400

_____ los pasajes *(tickets)*. Pienso estar allí _____ dos semanas. Llevo

regalos _____ todos mis amigos ecuatorianos. Ayer llamé _____ teléfono a Eduardo

_____ decirle que llego a las ocho de la noche. Él va a venir _____ mí al aeropuerto.

Tengo que volver _____ el 30 de agosto _____ empezar las clases. Yo estudio

_____ profesor.

2. ¿Cómo, por qué y para qué? Complete the following sentences, using **por** or **para** appropriately, according to the information given.

1. Le compré una cartera a Lucía. La cartera es _____.

2. La puerta estaba cerrada. Tuve que salir _____.

3. El pasaje me costó $500. Pagué $500 _____.

4. Necesito hablar con Silvia. La voy a llamar _____.

5. Trabajamos de siete a once de la mañana. Trabajamos _____.

6. Había mucho tráfico y llegamos tarde. Llegamos tarde_____.

7. Voy a estar en México desde el 5 de enero hasta el 5 de marzo. Voy a estar en México

   _____.

8. Vengo con el propósito *(purpose)* de hablar con Ud. Vengo _____.

3. ¿Qué tiempo hace? What comments might these people be making about the weather? Notice where they are and the time of year.

1. Raquel está en Oregón en abril.

   _____

2. Olga está en Alaska en enero.

   _____

3. Ana está en Phoenix, Arizona, en julio.

   _____

4. Pedro está en Londres en febrero.

   _____

5. Mario está en Chicago en marzo.

   _____

4. Lo que fue y lo que era Complete the following sentences, using the preterit or the imperfect. Then indicate the reason for your choice by placing the corresponding letter or letters in the blank provided before each sentence.

Preterit

a. Reports past actions or events that the speaker views as finished and complete
b. Sums up a condition or state viewed as a whole (and no longer in effect)

Imperfect

c. Describes past actions or events in the process of happening, with no reference to their beginning or end
d. Indicates a repeated or habitual action: *used to, would,...*
e. Describes a physical, mental, or emotional state or condition in the past
f. Expresses time or age in the past
g. Is used in indirect discourse
h. Describes in the past or sets the stage

(_____) 1. Ayer ellos (celebrar) _____ el cumpleaños de Mariano.

(_____) 2. Cuando nosotros (ser) _____ niños, siempre (ir) _____ a fiestas de cumpleaños.

(_____) 3. (Ser) _____ las cuatro de la tarde cuando llegaron a la fiesta.

(_____) 4. Anoche yo (ir) _____ al restaurante y (comer) _____ langosta.

(_____) 5. Anoche, en la fiesta, Elsa (tomar) _____ mucha agua porque (tener) _____ mucha sed.

(_____) 6. Me dijo que tú (querer) _____ ir a la tienda.

(_____) 7. Yo (ir) _____ al club cuando (ver) _____ a Roberto.

(_____) 8. Ella me llamó mientras yo (estar) _____ en la fiesta.

(____)   9. Toda la semana, (hacer) _____ mucho calor y el cielo (estar) _____
nublado.

(____)   10. Ayer me (sentir) _____ mal todo el día.

(____)   11. ¿Tú (divertirse) _____ anoche en el baile?

(____)   12. Julio (estar) _____ bailando con otra chica cuando (llegar) _____
su novia.

5. La vida de Amalia Tell us about Amalia by completing the following information, using the
Spanish equivalent of the words in parentheses.

1.   Cuando Amalia _____, ella y su familia _____ en

Bogotá y siempre _____ de vacaciones a Costa Rica. *(was a child / lived /*

used to go)

2.   Amalia _____ inglés con sus padres, pero sus amigos siempre

_____ en español. *(used to speak / spoke to her)*

3.   _____ las ocho cuando Amalia _____ a su casa anoche.

(It was / arrived)

4.   Ayer Amalia _____ que _____ dinero. *(told me / she needed)*

5.   _____ cuando Amalia _____ de su casa esta mañana.

(It was cold / left)

6. ¿Cuánto tiempo hace de eso? *(How long ago was that?)* Carlos and Raquel are sitting in a
restaurant, complaining about everything, especially about having to wait. Indicate how long ago
everything happened by giving the Spanish equivalent of the words in parentheses.

CARLOS   ¿Dónde está el mozo? _____ y
todavía no nos trajo el menú. *(We arrived twenty minutes ago)*

RAQUEL   ¡_____!
¡Tengo hambre! *(I had breakfast six hours ago!)*

CARLOS   ¡Ah! ¿Hablaste con tu hermana?

RAQUEL   Sí, _____ y me dijo que necesitaba
dinero. *(I spoke with her two days ago)*

CARLOS   ¿Qué hace esa chica con el dinero? Tu papá le mandó dinero
_____. *(a month ago)*

RAQUEL   ¡No lo sé! ¡Ah! ¡Aquí viene el mozo.

7. Lo nuestro y lo de ellos Complete each sentence, using the possessive pronoun that corresponds to each subject.

>   **Modelo**   Yo tengo mis libros y Julio tiene _____.
>   *Yo tengo mis libros y Julio tiene los suyos.*

1. Ellos necesitan sus zapatos y nosotros necesitamos _____.

2. A mí me gusta mi casa y a mi hermana le gusta _____.

3. Ella mandó sus regalos y yo mandé _____.

4. Yo hablé con mi profesor y Eva habló con _____.

5. Antonio puede llevar a su novia y tú puedes llevar a _____.

6. Olga trajo su abrigo y yo traje _____.

7. Ellos invitaron a su profesora y nosotros invitamos a _____.

8. Mis pantalones son negros. ¿De qué color son _____, Paquito?

8. Conversaciones breves Two friends are talking. Match their questions in column **A** with the answers in column **B**.

A		B	
1.	_____ ¿Qué talla usas?	a.	Sí, porque es de oro.
2.	_____ ¿Qué número calzas?	b.	Sí, y me compré estas botas.
3.	_____ ¿Quieres una camisa?	c.	Sí, porque hace frío.
4.	_____ ¿La cadena es cara?	d.	Sí, no tengo nada que ponerme.
5.	_____ ¿Qué le compraste a papá?	e.	Sí, de mangas largas.
6.	_____ ¿Necesitas la chaqueta?	f.	Sí, me aprietan.
7.	_____ ¿Te pusiste la blusa negra?	g.	Mediana.
8.	_____ ¿Los zapatos te quedan chicos?	h.	Una corbata.
9.	_____ ¿Vas a comprar ropa?	i.	Sí, con la falda blanca.
10.	_____ ¿Fuiste a la zapatería?	j.	El cuarenta.
11.	_____ ¿Dónde pusiste el dinero?	k.	Sí, necesito los guantes.
12.	_____ ¿Qué se puso para dormir?	l.	No, húmedo.
13.	_____ ¿Tienes las manos frías?	m.	No, está despejado.
14.	_____ ¿Te quitaste los zapatos?	n.	En la billetera.
15.	_____ ¿El cielo está nublado?	o.	Sí, y me puse las zapatillas.
16.	_____ ¿Es un clima seco?	p.	Un camisón.

9. ¿Qué pasa aquí? Look at the illustration and answer the following questions.

1. ¿Qué se va a probar Carmen?

   _____

2. ¿El vestido está en liquidación *(sale)*?

   _____

3. ¿Qué le quiere comprar Carmen a Pablo?

   _____

4. ¿Qué quiere comprar Rosa?

   _____

5. ¿Qué lleva Rosa en la mano?

   _____

6. ¿Qué número calza Adela?

_____

7. ¿Le van a quedar bien los zapatos a Adela?

_____

8. ¿Le van a quedar grandes o chicos?

_____

9. ¿Adela piensa comprar las botas?

_____

10. ¿Cómo se llama la tienda?

_____

10. ¿Cuál no va? Circle the word or phrase that does not belong in each group.

1.	escuela	facultad	aretes
2.	calzoncillos	zapato	tacón
3.	dar	buscar	regalar
4.	tienda	zapatería	ramo
5.	quizás	según	tal vez
6.	conoce	nieva	llueve
7.	falda	corbata	vestido
8.	No uso zapatos.	Ando descalzo.	Necesito una bufanda.
9.	tacaño	corto	largo
10.	cálido	templado	cómodo
11.	pantalones	oro	camiseta
12.	traje	chaleco	empleado

PARA LEER

11. Planes para mañana Read the following story about Carlos Alberto, and then answer the questions.

Mañana pienso levantarme a las seis de la mañana. En seguida voy a bañarme, afeitarme y vestirme porque quiero salir temprano para ir de compras. Voy a desayunar en una cafetería del centro°, y a las ocho voy a estar en la tienda La Época, donde tienen una gran liquidación°. Necesito comprar un traje, dos camisas, un pantalón y dos o tres corbatas. Después voy a ir al departamento de señoras para comprarle un vestido a mi hermana; también quiero comprarle una blusa y una falda a mamá, pero no sé qué talla usa. Además°, a mamá nunca le gusta nada.

downtown
sale

Besides

1. ¿Carlos Alberto piensa levantarse temprano o tarde?

    _____

2. ¿Qué va a hacer en seguida?

    _____

3. ¿Para qué quiere salir temprano?

    _____

4. ¿Va a desayunar en su casa?

    _____

5. ¿A qué hora quiere estar en la tienda?

    _____

6. ¿Por qué quiere ir Carlos Alberto a la tienda La Época?

    _____

7. ¿Qué va a comprar Carlos Alberto?

    _____

8. ¿A qué departamento tiene que ir para comprar el vestido?

    _____

9. ¿Qué quiere comprarle Carlos a su mamá?

    _____

10. ¿Qué le gusta a la mamá de Carlos Alberto?

    _____

12. Un correo electrónico Write an e-mail to a friend who lives in another state or country. Make comments about the weather where you live, and tell him/her about some of your activities, including your last trip to the mall. Arrange the events chronologically and add any interesting details.

_____

_____

_____

_____

_____

_____

_____

_____

_____

_____

_____

_____

_____

_____

_____

_____

Listening Activities

1. Entonación

Listen and repeat the following sentences, paying close attention to your pronunciation and intonation.

1. Sara sabe exactamente lo que Pablo necesita.
2. Ya empezó el invierno.
3. Me dijiste que era su cumpleaños.
4. No sé qué talla usa.
5. Yo prefiero andar descalzo.

DIÁLOGOS

2. De compras Listen to the dialogues twice, paying close attention to the speakers' intonation and pronunciation patterns. First, listen to the entire dialogue; then, as you listen for a second time, stop the recording after each sentence and repeat after the speakers.

3. Preguntas y respuestas The speaker will ask several questions based on the dialogues. Answer each question, always omitting the subject. The speaker will verify your response. Repeat the correct answer.

PUNTOS PARA RECORDAR

4. Some uses of *por* and *para* The speaker will ask several questions. Answer each one, using the cue provided. Pay special attention to the use of **por** or **para** in each question. The speaker will verify your response. Repeat the correct answer. Follow the model.

> **Modelo** —¿Para quién es la blusa? (Rita)
> —*Es para Rita.*

5. Weather expressions The speaker will ask several questions. Answer each one **sí** or **no.** The speaker will verify your response. Repeat the correct answer. Follow the model.

> **Modelo** —Generalmente, ¿hace buen tiempo en Los Ángeles?
> —*Sí, hace buen tiempo.*

6. The preterit contrasted with the imperfect The speaker will ask several questions. Answer each one, using the cue provided. Pay special attention to the use of the preterit or the imperfect. The speaker will verify your response. Repeat the correct answer. Follow the model.

> **Modelo** —¿En qué idioma te hablaban tus padres? (en inglés)
> —*Me hablaban en inglés.*

7. *Hace...* meaning *ago* Answer each question you hear, using the cue provided. The speaker will verify your response. Repeat the correct answer. Follow the model.

> **Modelo** —¿Cuánto tiempo hace que tú llegaste? (veinte minutos)
> —*Hace veinte minutos que llegué.*

8. **Possessive pronouns** Answer each question you hear, using the cue provided. The speaker will verify your response. Repeat the correct answer. Follow the model.

> Modelo —Mis zapatos son negros. ¿Y los tuyos? (blancos)
> —*Los míos son blancos.*

DÍGANOS

9. **Más preguntas** The speaker will ask you some questions. Answer, using the cues provided and always omitting the subject. The speaker will verify your response. Repeat the correct answer. Follow the model.

> Modelo —¿Cuánto tiempo hace que Ud. llegó a la universidad? (dos horas)
> —*Hace dos horas que llegué a la universidad.*

EJERCICIOS DE COMPRENSIÓN

10. **Tres opciones** You will hear three statements about each picture. Indicate the letter of the statement that best corresponds to the picture. The speaker will verify your response.

1.   a   b   c

2.   a   b   c

3.   a   b   c

4.   a   b   c

5.   a   b   c

6.   a   b   c

11. ¿Lógico o ilógico? You will now hear some statements. Circle **L** if the statement is logical **(lógico)** or **I** if it is illogical **(ilógico).** The speaker will verify your response.

1.	L I	6.	L I
2.	L I	7.	L I
3.	L I	8.	L I
4.	L I	9.	L I
5.	L I	10.	L I

12. Diálogo Listen carefully to the dialogue, and then answer the questions, omitting the subjects. The speaker will confirm your response. Repeat the correct response.

Listen to the dialogue.

Now answer the speaker's questions.

PARA ESCUCHAR Y ESCRIBIR

13. Oraciones The speaker will read five sentences. Listen to each sentence twice. After you listen for the first time, stop the audio and write what you have heard. Then, play the sentence for a second time to check your work and fill in what you have missed.

1. _____

2. _____

3. _____

4. _____

5. _____

LECCIÓN 10
Workbook Activities

PARA PRACTICAR

1. Para completar Fill in the blanks with the missing infinitive or past participle of each verb.

1. depositar: _____

2. _____: cobrado

3. hacer: _____

4. _____: recibido

5. escribir: _____

6. _____: comido

7. morir: _____

8. _____: dicho

9. abrir: _____

10. _____: roto

11. volver: _____

12. _____: cerrado

13. poner: _____

14. _____: bebido

15. ver: _____

16. _____: leído

2. Todo está hecho Complete the following sentences with the Spanish equivalent of the words in parentheses to indicate what is done.

1. La cuenta está _____. *(paid)*

2. Las ventanas están _____. *(closed)*

3. Los mensajes están _____ en inglés. *(written)*

4. La planilla está _____. *(signed)*

5. El dinero está _____ en el banco. *(deposited)*

6. Los documentos están _____. *(translated)*

7. El banco está _____. *(open)*

8. Las diligencias están _____. *(done)*

3. ¡Pobre Marisol! Rewrite the following to say what has happened to Marisol. Use the present perfect tense.

1. Marisol pierde las llaves y no las encuentra.

2. Va a casa de su novio, pero no lo ve.

3. Estaciona *(parks)* su coche frente a un hidrante *(fire hydrant)*.

4. Sus amigos no la invitan a la fiesta.

5. Tú no la llamas por teléfono.

6. Nosotros no le traemos nada de Asunción.

7. En el banco, tiene que esperar una hora.

8. Sus padres no la esperan para cenar.

9. Pide un préstamo y no se lo dan.

10. Trata de sacar dinero del cajero automático y no puede.

4. **Diligencias** Mrs. García went on a short business trip to La Paz. Her husband and her children were very efficient during her absence. Indicate what everybody had done by the time she came home. Use the past perfect tense.

1. Yo (ir) _____ al banco y (poner) _____ dinero en su cuenta.

2. Papá (llevar) _____ el coche al mecánico.

3. Laura y Alicia (hacer) _____ las compras en el supermercado.

4. Tú (abrir) _____ una cuenta en el banco.

5. Esteban y yo (limpiar) _____ la casa y

   (sacudir) _____ los muebles.

6. Todos nosotros (ser) _____ muy eficientes.

5. **Órdenes** Complete the chart below with formal command forms.

Infinitive	Command	
	Ud. *form*	**Uds.** *form*
1. comprar	compre	compren
2. dejar		
3. comer	coma	
4. beber		
5. escribir	escriba	escriban
6. abrir		
7. venir	venga	vengan
8. poner		
9. comenzar	comience	comiencen
10. atender		
11. recordar	recuerde	recuerden
12. volver		
13. pedir	pida	pidan
14. servir		
15. ir	vaya	
16. ser		sean
17. estar	esté	

6. ¡Hágalo! o ¡No lo haga! You need to give someone specific orders. Use the list below to write commands about what to do or not to do with the elements given.

> **Modelo** el empleado / llamarlo
> *Llámelo.*

mandarlas hoy
pedirlo el lunes
no cobrarlos todavía *(yet)*
pagarla

no enviarla; dejarla en el
escritorio
firmarlas y dárselas al cajero

estacionarlo en la
calle
comprarlas hoy

1. la cuenta:

2. el préstamo:

3. las estampillas:

4. la carta:

5. el coche:

6. las planillas:

7. los correos electrónicos:

8. los cheques:

7. Crucigrama

HORIZONTAL

2. Mi esposa y yo tenemos una cuenta
   _____.

4. ¿Ud. tiene una cuenta _____ o de
   ahorros?

6. Quiero _____ este cheque.

7. Voy a _____ trabajo en el banco.

10. Mi coche no es de cambios mecánicos;
    es _____.

12. El coche necesita piezas de _____.

14. acumulador _____

16. ¿Cuál es el _____ de tu cuenta?
    ¿Mil dólares?

18. No pago con cheques. Pago en
    _____.

20. Necesito dinero. Voy a pedir un
    _____ en el banco.

21. No necesito gasolina porque el
    _____ del coche está lleno.

VERTICAL

1. Tengo una goma _____.

3. ¿Dónde está el _____ de cheques?

5. Voy a la _____ de correos.

8. opuesto de **abierto** _____

9. Hoy no trabajo porque es día _____.

11. Mi coche es de cambios _____.

13. Voy al _____ de mecánica.

15. Necesito comprar _____ para
    mandar las cartas.

17. Mi auto tiene dos _____ de aire.

19. Puse el dinero en la _____ de
    seguridad.

8. Conversaciones breves Two friends are talking. Complete their conversation by matching the questions in column **A** with the answers in column **B**.

A

1. _____ ¿Vas al correo?
2. _____ ¿Quién va a arreglar los frenos?
3. _____ ¿Llegaste tarde?
4. _____ ¿Abriste una cuenta individual?
5. _____ ¿Cuánto tiempo esperaste?
6. _____ ¿Cuál es el saldo de tu cuenta?
7. _____ ¿Con quién hablaste?
8. _____ ¿El banco está cerrado?
9. _____ ¿Dónde pusiste el dinero?
10. _____ ¿Cómo pagaste?

B

a. No, conjunta.
b. Con un empleado.
c. Una hora.
d. En efectivo.
e. Sí, hoy es feriado.
f. Sí, necesito estampillas.
g. En la caja de seguridad.
h. El mecánico.
i. Dos mil dólares.
j. Sí, había mucho tráfico.

9. ¿Qué dice aquí? Read the ad, and then answer the questions based on the information provided.

¡CUENTAS CORRIENTES GRATIS!*

Ahora usted puede tener todas las ventajas
de una cuenta corriente de cheques en el Banco
del Sur. ¡GRATIS!

¡Abra su cuenta ahora y ahorre!
Si abre su cuenta antes del 30 de marzo, usted no tiene que pagar durante
los primeros seis meses.

No cobramos por los cheques.
No necesita mantener un saldo mínimo. ¡Use todo su dinero!

Línea de información 24 horas al día.
¿Quiere saber cuál es el saldo de su cuenta? ¿Necesita ayuda? Llámenos al
1-800-SUR. Servicio las 24 horas del día, los 7 días de la semana.

Como siempre, abrimos los sábados.
Visite hoy cualquiera de nuestras sucursales o llame sin costo a nuestro
teléfono de información, 1-800-CUENTA.

Trabajamos para usted.

*La oferta es válida para cuentas corrientes solamente.
Para abrir la cuenta se requiere un depósito mínimo
de 100.000 guaraníes.

BANCO DEL SUR
Calle Artigas 2000 Asunción

© Cengage Learning 2014

1. ¿Cómo se llama el banco?
2. ¿Hay que pagar algo por las cuentas corrientes?
3. ¿Qué ventajas (advantages) tienen los clientes si abren su cuenta antes del 30 de marzo?
4. En este plan, ¿cuánto es necesario pagar por los cheques?
5. ¿Qué saldo mínimo hay que mantener (maintain) en este plan?
6. ¿Cuándo es posible llamar al banco para recibir información sobre el saldo de una cuenta?
7. Es posible ir al banco a depositar dinero los sábados? ¿Por qué?
8. ¿Tiene sucursales (branches) el Banco del Sur?
9. Los clientes que llaman para pedir información, ¿tienen que pagar por la llamada?
10. ¿Qué depósito mínimo requiere el banco para abrir este tipo de cuenta?

10. Un banco paraguayo Read this announcement, and then answer the questions.

Banco Gran Río

¿Quiere abrir una cuenta de ahorros?

- Banco Gran Río paga un interés cinco por ciento en las cuentas de ahorros.
- Usted puede sacar su dinero en cualquier momento sin° perder° el interés.

without / losing

¡Una oportunidad extraordinaria!

Además, Banco Gran Río le paga el 3% de interés en su cuenta corriente.

Deposite un mínimo de quinientos mil guaraníes° y reciba cheques gratis.

Paraguayan currency

> Nuestro Horario:
> Lunes a Viernes, de 9 de la mañana a 3 de la tarde.

Banco Gran Río
lo esperamos en el centro de Asunción

© Cengage Learning 2014

---

1. ¿En qué ciudad está el Banco Gran Río?

2. ¿A qué hora abre el banco? ¿A qué hora cierra (closes)?

3. ¿Puedo ir al banco el sábado? ¿Por qué?

4. ¿Qué interés paga el banco en las cuentas de ahorros?

5. Voy a sacar mi dinero de la cuenta de ahorros. ¿Voy a perder el interés?

6. ¿Es una buena idea depositar dinero en el Banco Gran Río? ¿Por qué?

7. ¿Paga el banco interés en las cuentas corrientes? ¿Cuánto?

8. ¿Cuánto dinero debo depositar para tener cheques gratis?

PARA ESCRIBIR

11. Transacciones In transactions of many types (making purchases, ordering at a restaurant, requesting information), being polite is not just a matter of common courtesy—it can help you more easily obtain what you want. You can use the phrase **¿Me puede decir...?** for many types of requests. When thanking the person helping you, you can say **gracias, muy amable** *(very kind)*, or simply **muchas gracias.**

Write a short dialogue between yourself and a bank teller. Find out about opening a checking account, what interest it pays, and whether or not it is free (**gratis**). Also request an ATM card (**tarjeta de banco).** Remember to use appropriate courtesy expressions.

Cajero   Buenos días. ¿En qué puedo servirle?

Usted   Buenos días.

_____

_____

_____

_____

_____

_____

_____

_____

_____

12. Sobre el mundo hispánico Refer to this section of your textbook to see how much you remember.

1.   La capital de Ecuador es (Guayaquil / Quito).

2.   La Universidad de San Marcos es la más (antigua / moderna) de Sudamérica.

3.   Machu Picchu fue una fortaleza (maya / incaica).

4.   La mayoría de los paraguayos hablan dos idiomas: el español y el (quechua / guaraní).

5.   La planta hidroeléctrica Itaipú está en (Bolivia / Paraguay).

6.   Las dos capitales de Bolivia son La Paz y (Potosí / Sucre).

7.   En Bolivia está el lago navegable más alto del mundo: el (Maracaibo / Titicaca).

Listening Activities

1. **Entonación** Listen and repeat the following sentences, paying close attention to your pronunciation and intonation.

   1. Acuérdese de que es un día feriado.
   2. El carro es de cambios mecánicos.
   3. Todavía no hay mucho tráfico.
   4. Por desgracia, dejó su celular en su casa.
   5. Tomó un colectivo para ir al correo.

DIÁLOGOS

2. **Daniel hace diligencias** Listen to the dialogues twice, paying close attention to the speakers' intonation and pronunciation patterns. First, listen to the entire dialogue; then, as you listen for a second time, stop the recording after each sentence and repeat after the speakers.

   Listen to dialogue 1.

   Now listen to dialogue 2.

3. **Preguntas y respuestas** The speaker will ask several questions based on the dialogues. Answer each question, always omitting the subject. The speaker will verify your response. Repeat the correct answer.

PUNTOS PARA RECORDAR

4. **Past participles** The speaker will ask several questions. Answer each one, using the verb **estar** and the past participle of the verb used in the question. The speaker will verify your response. Repeat the correct answer. Follow the model.

   Modelo —¿Firmaron la planilla?
   —*Sí, está firmada.*

5. **Present perfect tense** Answer each question you hear by saying that the action mentioned has already been done. If the sentence contains a direct object, substitute the appropriate direct object pronoun. The speaker will verify your response. Repeat the correct answer. Follow the model.

   Modelo —¿Va a cerrar Ud. la puerta?
   —*Ya la he cerrado.*

6. **Past perfect tense** Change the verb in each statement you hear to the past perfect tense. The speaker will verify your response. Repeat the correct answer. Follow the model.

   Modelo —Él cobró el cheque.
   —*Él había cobrado el cheque.*

7. **Formal commands: *Ud.* and *Uds.*** Change each statement you hear to a formal command. The speaker will verify your response. Repeat the correct answer. Follow the model.

   Modelo —Debe traerlo.
   —*Tráigalo.*

8. Más preguntas The speaker will ask you some questions. Answer them, using the cues provided and always omitting the subject. The speaker will verify your response. Repeat the correct answer. Follow the model.

> **Modelo** —¿En qué banco tiene Ud. su dinero? (Banco de Asunción)
> —*Tengo mi dinero en el Banco de Asunción.*

EJERCICIOS DE COMPRENSIÓN

9. Tres opciones You will hear three statements about each picture. Indicate the letter of the statement that best corresponds to the picture. The speaker will verify your response.

1.

a   b   c

2.

a   b   c

3.

a   b   c

4.

a   b   c

5.

a   b   c

6.

a   b   c

Illustrations © Cengage Learning 2014

10. ¿Lógico o ilógico? You will now hear some statements. Indicate **L** if the statement is logical **(lógico)** or **I** if it is illogical **(ilógico).** The speaker will verify your response.

1. L I   6. L I
2. L I   7. L I
3. L I   8. L I
4. L I   9. L I
5. L I   10. L I

11. Diálogo Listen carefully to the dialogue, and then answer the questions, omitting the subjects. The speaker will confirm your response. Repeat the correct response.

Listen to the dialogue.

Now answer the speaker's questions.

PARA ESCUCHAR Y ESCRIBIR

12. Oraciones The speaker will read five sentences. Listen to each sentence twice. After you listen for the first time, stop the audio and write what you have heard. Then, play the sentence for a second time to check your work and fill in what you have missed.

1. _____

2. _____

3. _____

4. _____

5. _____

LECCIÓN 11
Workbook Activities

PARA PRACTICAR

1. Quieren que todos... Complete the following chart as a review of the present subjunctive forms.

Infinitive	yo	tú	Ud., él, ella	nosotros(as)	Uds., ellos(as)
1. bajar	baje	bajes	baje	bajemos	bajen
2. esperar					
3. deber	deba	debas	deba	debamos	deban
4. beber					
5. abrir	abra	abras	abra	abramos	abran
6. recibir					
7. hacer	haga				
8. decir		digas			
9. cerrar			cierre		
10. volver				volvamos	
11. sugerir					sugieran
12. dormir				durmamos	
13. sentir					sientan
14. comenzar	comience				
15. empezar					
16. dar		des			
17. estar			esté		
18. ir				vayamos	
19. ser					sean
20. saber	sepa				

2. ¿Qué quieren que hagamos? To indicate what everyone wants everybody else to do, complete the chart with the Spanish equivalent of the English sentences.

English	Subject	Verb	*que*	Subject of Subordinate Clause	Verb in the Subjunctive
1. He wants me to speak.	Él	quiere	que	yo	hable.
2. I want you to learn.				tú	
3. You want him to go out.	Tú				
4. She wants us to drink.					bebamos.
5. We want her to come.				ella	
6. You (*pl.*) want them to read.	Uds.				
7. They (*m.*) want you to travel.				Uds.	
8. You (*pl.*) want us to study.	Uds.				
9. They (*m.*) want us to write.					escribamos.
10. He wants us to sleep.	Él				
11. I want you to wait.				tú	
12. They (*f.*) want you (*pl.*) to begin.				Uds.	
13. She wants him to work.					
14. We want them (*f.*) to go.					

3. Sugerencias y consejos Rewrite each of the following sentences, beginning with the phrase provided, to indicate what people want or to suggest what they should do in different situations.

        Modelo   Ella llama al agente.
                      Quiero que...
                      Quiero que ella llame al agente.

1. Nosotros le damos el dinero.

   No quieren que _____.

2. Ellos van al aeropuerto.

   Deseamos que _____.

3. Él pide los asientos.

   Dígale a él que _____.

4. Tú traes los pasajes.

   Te sugiero que _____.

5. Ella es su novia.

   Él quiere que _____.

6. ¿Yo compro las maletas?

   ¿Tú quieres que _____?

7. Ud. toma pastillas.

   Yo le aconsejo a Ud. que _____.

8. Uds. están en la agencia a las cinco.

   Papá sugiere que _____.

4. ¿Qué está pasando? Rewrite each sentence, beginning with the phrase provided, to express fear, sorrow, gladness, or hope about these situations.

        Modelo   Tienen que volver hoy.
                      Espero que no...
                      Espero que no tengan que volver hoy.

1. Elba tiene problemas.

   Temo que _____.

2. Ellos no son antipáticos.

   Me alegro de que no _____.

3. Tú tienes que pagar exceso de equipaje.

   Siento que _____.

4.   No podemos viajar hoy.

     Temo que _____.

5.   No tenemos que cancelar la reservación.

     Espero que _____.

6.   María y yo podemos ir en un crucero.

     Espero que _____.

7.   Ud. viaja en primera clase.

     Me alegro de que _____.

8.   Ellos saben a cómo está el cambio de moneda.

     Él espera que _____.

5. **Mensajes electrónicos** Miguel Ángel is reading e-mails. He got one from his mother, one from his sister, and one from a friend. Complete them, using the present subjunctive or the infinitive, as needed.

     1.   Miguelito:

     ¿Cómo estás, mi amor? ¿Todavía te sientes mal? Quiero que (ir: tú) _____ al médico y

     que (seguir) _____ tomando las pastillas que te mandé. Yo sé que tú no quieres

     (ir) _____ al médico, pero espero que (hacer) _____ lo que te pido.

     Ojalá que pronto (estar) _____ bien. —Mamá

     2.   Miguel Ángel:

     Me dice mamá que estás de vacaciones. Yo te sugiero que (viajar) _____ a Chile y que

     (pasar) _____ unos días en Viña del Mar. Temo no (poder) _____ ir a

     verte este fin de semana porque Julio quiere que (visitar: nosotros) _____ a su mamá.

     Espero que tú (poder) _____ ir a Chile. —Nora

     3.   Miguel:

     Siento que tú no (poder) _____ ir a la fiesta de Laura. Espero que (tener)

     _____ tiempo para ir al club este fin de semana, porque mi hermanita te quiere

     (conocer) _____. Te llamo mañana. —Diego

6. **Dos días en la vida de Luis** Luis is telling us what he did yesterday and what he's going to do today. Complete the following sentences, using the prepositions **a, de,** and **en.**

   1. Voy _____ llevar _____ mi hijo _____ casa de Jorge, que le va _____

      enseñar _____ manejar. Tenemos que estar _____ su casa _____ las tres

      _____ la tarde.

   2. Ayer conocí _____ la hermana _____ Raúl. Es una chica muy simpática. Es morena,

      _____ ojos verdes, y Raúl dice que ella es la más inteligente _____ la familia.

   3. Las vacaciones pasadas, mis hermanos fueron _____ México. Fueron _____ tren, y

      ayer me estuvieron hablando _____ su viaje.

   4. Ayer llevé _____ mi perro _____ la veterinaria, pero ella no estaba _____ su

      consultorio. Cuando llegué _____ casa la llamé por teléfono.

7. **Conversaciones breves** Two roommates are talking. Match their questions in column **A** with the answers in column **B**.

A		B	
1.	_____ ¿Dónde compraste los pasajes?	a.	Sí, es mi país favorito.
2.	_____ ¿Tú sabes cuánto cuesta?	b.	No, de ventanilla.
3.	_____ ¿Qué incluye el paquete?	c.	Sí, pero no he tomado ninguna decisión.
4.	_____ ¿Vas a Chile?	d.	La número cuatro.
5.	_____ ¿El médico te dio pastillas?	e.	Los pasajes y el hotel.
6.	_____ ¿Lo has pensado?	f.	En el compartimiento de equipajes.
7.	_____ ¿Quieres un asiento de pasillo?	g.	En una agencia de viajes.
8.	_____ ¿Dónde pusiste el bolso de mano?	h.	A la auxiliar de vuelo.
9.	_____ ¿Cuál es la puerta de salida?	i.	No, pero lo voy a averiguar.
10.	_____ ¿A quién le diste las tarjetas de embarque?	j.	Sí, para los nervios.
11.	_____ ¿El avión hace escala?	k.	Ahora mismo.
12.	_____ ¿Te gusta viajar en avión?	l.	Sí, y temo que se canse.
13.	_____ ¿Sabes que hoy salgo para Lima?	m.	En la fila F.
14.	_____ ¿A qué hora salen?	n.	No, es un vuelo directo.
15.	_____ ¿Dónde está sentado?	o.	Sí. ¡Buen viaje!
16.	_____ ¿Está trabajando mucho?	p.	No, prefiero hacer un crucero.

8. **¿Cuál no va?** Circle the word or phrase that does not belong in each group.

1.	las maletas	el equipaje	la salida
2.	llamada	viaje	vuelo
3.	preguntar	averiguar	dejar
4.	subir	sentir	abordar
5.	cancelar	confirmar	compartir
6.	aeropuerto	aerolínea	emergencia
7.	ratón	teclado	impresora
8.	monitor	excursión	pantalla
9.	espero	ojalá	lo mismo
10.	bolso de mano	cinturón de seguridad	maletín

9. ¿Qué pasa aquí? Look at the illustration and answer the following questions.

1. ¿A qué ciudad va a viajar Luisa?

_____

2. ¿Luisa compró un pasaje de ida?

_____

3. ¿Qué días hay vuelos?

_____

4. ¿Dónde está Luisa en este momento?

_____

5. ¿Cuántas maletas lleva Luisa?

_____

6. ¿Cuál es la puerta de salida?

_____

7. ¿Qué va a tener que pagar Luisa?

_____

8. ¿A quién le va a dar Luisa la tarjeta de embarque?

_____

9. ¿Daniel viaja a la misma ciudad a la que va Luisa?

_____

10. ¿El vuelo a Lima es un vuelo directo?

_____

10. Turismo Read the following advertisement that appeared in a Chilean newspaper and then answer the questions.

Visite Argentina con Turismo Los Andes

Las excursiones de Turismo Los Andes son las más completas y baratas. Nadie le da mejores precios°. El pasaje en avión desde Chile, el hotel y la transportación en Argentina están incluidos en el precio.   prices

Esta agencia de viajes ofrece varios tipos de excursiones: en primera clase o en clase turista. Si viaja entre semana, Ud. recibe un descuento° de un cinco por ciento del pasaje.   discount

No pierda° esta oportunidad de conocer los lugares más interesantes de Argentina. Queremos que visite con nosotros la ciudad de Buenos Aires, las montañas de Bariloche y las hermosas playas de Mar del Plata.   miss

Si quiere que le enviemos folletos° sobre nuestras excursiones, llame al teléfono 1-800-TURLA.   brochures

1. ¿Cómo son las excursiones de Turismo Los Andes?

_____

2. ¿Quién da mejores precios que Turismo Los Andes?

_____

3. ¿Qué cosas están incluidas en el precio de la excursión?

_____

4. ¿Tiene Turismo Los Andes un solo tipo de excursión?

_____

5. ¿Cuándo es más barato viajar con Turismo Los Andes?

_____

6. ¿Qué descuento recibo si viajo entre semana?

_____

7. ¿Qué lugares de Argentina voy a visitar si viajo con Turismo Los Andes?

_____

8. ¿Qué debo hacer si deseo recibir folletos sobre las excursiones de Turismo Los Andes?

_____

PARA ESCRIBIR

11. **Diálogo** Write a dialogue between you and a travel agent. Say what kind of ticket you want; ask about prices, documents needed, flights, and hotel accommodations. Choose a destination and reserve a seat.

_____

_____

_____

_____

_____

_____

_____

_____

_____

_____

_____

_____

_____

_____

_____

_____

_____

Listening Activities

1. **Entonación** Listen and repeat the following sentences, paying close attention to your pronunciation and intonation.

   1. Quiere pasar un mes en Viña del Mar.
   2. Tenemos que ir a la agencia de viajes.
   3. Yo te sugiero que lo averigües.
   4. Hay paquetes que incluyen algunas excursiones.
   5. Tienen que pagar exceso de equipaje.

DIÁLOGOS

2. **¡Buen viaje!** Listen to the dialogues twice, paying close attention to the speakers' intonation and pronunciation patterns. First, listen to the entire dialogue; then, as you listen for a second time, stop the recording after each sentence and repeat after the speakers.

3. **Preguntas y respuestas** The speaker will ask several questions based on the dialogues. Answer each question, always omitting the subject. The speaker will verify your response. Repeat the correct answer.

PUNTOS PARA RECORDAR

4. **The subjunctive mood** The speaker will ask several questions. Answer each one, using the cue provided to say what the people mentioned should do. Always use the subjunctive. The speaker will verify your response. Repeat the correct answer. Follow the model.

   Modelo —¿Qué quieres tú que yo haga? (hablar con el agente)
   —*Quiero que hables con el agente.*

5. **Subjunctive with verbs of volition** Respond to each statement you hear by saying that Eva doesn't want the people mentioned to do what they want to do. The speaker will verify your response. Repeat the correct answer. Follow the model.

   Modelo Yo quiero ir a Chile.
   Eva no quiere que yo vaya a Chile.

6. **Subjunctive with verbs of emotion I** The speaker will make some statements describing how she feels. Change each statement so that it expresses an emotion with regard to someone else. The speaker will verify your response. Repeat the correct answer. Follow the model.

   Modelo Me alegro de estar aquí. (de que tú)
   Me alegro de que tú estés aquí.

7. **Subjunctive with verbs of emotion II** Change each statement you hear so that it expresses an emotion, using the cue provided. The speaker will verify your response. Repeat the correct answer. Follow the model.

   Modelo Ernesto no viene hoy. (Siento)
   Siento que Ernesto no venga hoy.

8. **Prepositions *a, de,* and *en*** Answer each question you hear, using the cue provided. Pay special attention to the use of the prepositions **a, de,** and **en.** The speaker will verify your response. Repeat the correct answer. Follow the model.

> Modelo —¿A qué hora llegaron al aeropuerto? (a las ocho)
> —*Llegaron a las ocho.*

DÍGANOS

9. **Más preguntas** The speaker will ask you some questions. Answer them, using the cues provided and always omitting the subject. The speaker will verify your response. Repeat the correct answer. Follow the model.

> Modelo —Cuando Ud. se siente mal, ¿qué le aconsejan sus amigos que haga? (ir al médico)
> —*Me aconsejan que vaya al médico.*

EJERCICIOS DE COMPRENSIÓN

10. **Tres opciones** You will hear three statements about each picture. Indicate the letter of the statement that best corresponds to the picture. The speaker will verify your response.

1.   a   b   c
2.   a   b   c
3.   a   b   c
4.   a   b   c
5.   a   b   c
6.   a   b   c

11. ¿Lógico o ilógico? You will now hear some statements. Indicate **L** if the statement is logical (**lógico**) or **I** if it is illogical (**ilógico**). The speaker will verify your response.

1.	L I	6.	L I
2.	L I	7.	L I
3.	L I	8.	L I
4.	L I	9.	L I
5.	L I	10.	L I

12. Diálogo Listen carefully to the dialogue, and then answer the questions, omitting the subjects. The speaker will confirm your response. Repeat the correct response.

Listen to the dialogue.

Now answer the speaker's questions.

PARA ESCUCHAR Y ESCRIBIR

13. Oraciones The speaker will read five sentences. Listen to each sentence twice. After you listen for the first time, stop the audio and write what you have heard. Then, play the sentence for a second time to check your work and fill in what you have missed.

1. _____

2. _____

3. _____

4. _____

5. _____

Workbook Activities

PARA PRACTICAR

1. ¿Existe o no? Look at the pictures and complete each sentence, using either the indicative or the subjunctive.

1. Vamos a _____

   donde _____

   _____.

2. ¿Hay algún _____

   donde _____

   _____?

3. Tengo una empleada que _____

   _____

   _____.

4. Necesito un empleado _____

   _____

   _____.

Illustrations © Cengage Learning 2014

Illustrations © Cengage Learning 2014

5. Tengo una amiga que _____

    _____

    _____.

6. No conozco a nadie que _____

    _____

    _____.

2. En una agencia de viajes Complete the following sentences, using the Spanish equivalent of the words in parentheses.

1. —¿Hay alguien que *(can)* _____ reservar los pasajes?

    —Sí, yo conozco a una chica que *(works)* _____ en una agencia de viajes.

2. —¿Hay alguien que *(knows)* _____ dónde está el hotel?

    —Sí, hay varias personas que lo *(know)* _____.

3. —Necesito un folleto que *(has)* _____ información sobre Río.

    —Yo tengo varios folletos que *(have)* _____ información sobre Brasil.

4. —Queremos una excursión que *(includes)* _____ el hotel.

    —Hay muchas excursiones que *(include)* _____ el hotel.

5. —¿Hay alguien aquí que *(is)* _____ de Uruguay?

    —Sí, hay dos chicas que *(are)* _____ de Montevideo.

3. Las preguntas de Carlos Carlos wants to know some things about a new acquaintance. Play the role of the acquaintance by answering the following questions, using the cues provided. Pay special attention to the use of the present indicative or the present subjunctive.

1. ¿Hay alguien en su familia que conozca Uruguay? (no, nadie)

    _____

2. ¿Conoce Ud. a alguien que sea de Brasil? (sí, a dos chicas)

    _____

3. ¿Hay alguien en la clase que sea de Perú? (no, nadie)

_____

4. ¿Necesita Ud. un empleado que hable español? (no, yo tengo un empleado)

_____

5. ¿Hay algo que yo pueda hacer por Ud.? (no, no hay nada)

_____

4. Órdenes Complete the chart below with the familiar **tú** command forms.

Infinitive	Affirmative Command	Negative Command
1. viajar		
2. comer		
3. escribir		
4. hacerlo		
5. venir		
6. bañarse		
7. vestirse		
8. dormirse		
9. ponerlo		
10. ir		
11. ser		
12. dármelas		
13. levantarse		
14. tener		
15. salir		
16. decírselo		

5. ¿Qué tiene que hacer Ana? Play the role of Rosa by completing the following dialogue with the **tú** command forms of the verbs listed. Some verbs may be used more than once.

decirle	ir	traerme	llamar
ponerla	hacer	venir	preguntar

ANA   Rosa, ¿qué quieres que haga?

ROSA   _____ a la agencia de viajes y _____ unos folletos sobre

excursiones a Río. _____ si hay excursiones que incluyan el hotel.

ANA   ¿A qué hora vengo mañana?

ROSA   _____ a las tres. Ah, y _____ a Carlos esta tarde.

ANA   ¿Qué le digo?

ROSA   _____ que necesito sus maletas, pero no _____ que tú vas a

viajar conmigo.

ANA   ¿Hago algo para comer?

ROSA   Sí, _____ una ensalada y _____ en el refrigerador.

6. Minidiálogos Complete these exchanges, using the Spanish equivalent of the words in parentheses and the appropriate prepositions.

1. —Ana _____ Carlos cuando tenía diecisiete años. *(fell in love)*

   —Sí, pero _____ él. *(she didn't marry)*

2. —Mis padres _____ que yo viaje con Elisa. *(insist on)*

   —Ellos _____ que ella es muy antipática. *(don't realize)*

3. —Yo voy a _____ Teresa. *(get engaged to)*

   —Tus padres _____ que ella sea tu novia. *(are going to be glad)*

4. —Debes _____ comprar los pasajes. *(remember to)*

   —Yo nunca _____ nada. *(forget)*

5. —Ella me dijo que _____ esa agencia de viajes. *(she didn't trust)*

   —Sí, pero ella y yo _____ comprar los billetes allí. *(agreed on)*

7. ¿En qué piso están? The following people are staying at a hotel on different floors. Indicate where they are by giving the ordinal number that corresponds to the cardinal number.

     Modelo   Carlos: 1
                Carlos: primer piso

1.   Teresa: 10 _____ piso

2.   Marcelo: 2 _____ piso

3.   Rubén: 7 _____ piso

4.   Abelardo: 3 _____ piso

5.   Silvia: 8 _____ piso

6.   Gustavo: 4 _____ piso

7.   Amelia: 6 _____ piso

8.   José Luis: 9 _____ piso

9.   Ana María: 5 _____ piso

8. Crucigrama

HORIZONTAL

4. La usamos para bañarnos.
5. Necesito ver su _____ de identidad.
7. No quieren una cama chica; quieren una cama _____.
8. Puedo comer en mi cuarto porque el hotel tiene servicio de _____.
14. En el hotel no hay ninguna habitación _____.
16. Tengo sueño. Voy a dormir un _____.
17. Él me mandó un _____ de tarjetas.
20. El _____ lleva las maletas al cuarto.
22. La necesitamos cuando hace frío.
23. Él es de Perú. Es _____.
24. El cuarto tiene aire _____.

VERTICAL

1. Tengo muchas rosas en mi _____.
2. Pagamos con una tarjeta de _____.
3. Es un hotel de cinco estrellas. Es un hotel de _____.
6. El cuarto tiene baño _____.
7. La casa es de él; él es el _____.
9. elevador
10. Mi cuarto tiene _____ al mar.
11. No están en un hotel. Están en una _____.
12. opuesto de **optimista**
13. Su habitación está en el segundo _____.
15. opuesto de **frío**
18. Me lavo las manos en el _____.
19. Vamos a nadar en la _____ del hotel.
21. mostrar

9. **Conversaciones breves** Two friends are traveling together. They are talking about hotel accommodations and other travel plans. Match their questions in column **A** with the answers in column **B**.

A
1. _____ ¿Dónde nos vamos a hospedar?
2. _____ ¿El Sr. Paz es el dueño del hotel?
3. _____ ¿Es un hotel caro?
4. _____ ¿Podemos cenar en el cuarto?
5. _____ ¿El precio incluye las comidas?
6. _____ ¿El baño tiene bañadera?
7. _____ ¿Hay un televisor en el cuarto?
8. _____ ¿Quién va a llevar las maletas al cuarto?
9. _____ ¿Cómo vas a pagar?
10. _____ ¿Hay habitaciones libres?

B
a. Con tarjeta de crédito.
b. No, ducha.
c. No, es un empleado.
d. No, no hay ninguna disponible.
e. No, pero hay uno en el comedor.
f. No, no tienen servicio de habitación.
g. En el hotel Alcázar.
h. Sí, es de lujo.
i. Sí, es pensión completa.
j. El botones.

10. **¿Qué dice aquí?** Read the ad about a luxury hotel and then answer the following questions.

1. ¿Cómo se llama el hotel?

   _____

2. ¿En qué ciudad argentina está?

   _____

3. ¿Es muy pequeño el hotel? ¿Cómo lo sabe Ud.?

   _____

4. ¿Qué tienen todas las habitaciones?

   _____

5. ¿Dónde puede dejar Ud. su dinero si se hospeda en ese hotel?

_____

6. ¿Puede recibir mensajes electrónicos en el hotel? ¿Por qué?

_____

7. ¿Qué tipo de comida sirven en el restaurante del hotel?

_____

8. ¿Cuántas personas pueden comer en el restaurante?

_____

9. ¿Hay algún lugar para dejar el coche?

_____

10. Si Ud. quiere organizar una convención, ¿puede hacerlo en el hotel? ¿Cuántas personas pueden asistir *(attend)*?

_____

Hotel Costa de Oro

Boulevard Marítimo 4200 • 0263-333-333 • Mar del Plata

¡Estamos en la ciudad balnearia más importante de Argentina!

120 habitaciones y 10 suites, todas con baño privado
TV alta definición con servicio de cable
Cajas de seguridad
Servicio de internet y fax

Salas de convenciones con capacidad para 800 personas
Restaurante internacional con capacidad para 400 personas
Panadería y pastelería

Gimnasio y sauna
Discoteca
Sala de juegos
Garaje

© Cengage Learning 2014

11. Hotel Tropical Read the following ads, and then answer the questions.

Hotel Tropical

¡VISÍTENOS EN SUS
PRÓXIMAS VACACIONES!

Llámenos al 800-666-666

- Habitaciones con vista al mar, todas con aire acondicionado y baño privado.
- Dos personas en una habitación pagan solamente 320 pesos. Cada persona adicional paga 90 pesos.
- El hotel tiene un magnífico restaurante donde se sirve comida argentina, italiana y francesa.

¿No quiere gastar mucho dinero pero desea estar cerca de la playa?
¡Venga a la Pensión Romero!

PENSIÓN ROMERO

Nuestros cuartos son grandes y cómodos.
Solo cobramos 300 pesos por persona.
El precio incluye todas las comidas: desayuno, almuerzo y cena.

Calle 91 y Avenida Sur

© Cengage Learning 2014

1. ¿Cree Ud. que el Hotel Tropical está en la playa? ¿Por qué?

   _____

2. Voy a alquilar una habitación en el Hotel Tropical. ¿Voy a tener calor? ¿Por qué?

   _____

3. ¿Cuánto cobran en el hotel por dos personas?

   _____

4. Voy al hotel con mi esposa y mis dos hijos. ¿Cuánto debo pagar por los niños?

   _____

5. ¿Cuánto vamos a pagar en total?

   _____

6. Me gusta la comida argentina. ¿Puedo comerla en el Hotel Tropical?

   _____

144 STUDENT ACTIVITIES MANUAL Workbook Activities

© 2014 Cengage Learning. All Rights Reserved. May not be scanned, copied or duplicated, or posted to a publicly accessible website, in whole or in part.

7. ¿Sirven comida internacional en el hotel?

   _____

8. ¿Cuál es más barato, el Hotel Tropical o la Pensión Romero?

   _____

9. ¿Cuánto paga una persona en la Pensión Romero?

   _____

10. ¿Cuánto debo pagar extra por las comidas en la Pensión Romero?

    _____

PARA ESCRIBIR

12. Una carta desde Brasil

When writing a narrative of any type, it is important to make your sentences sound natural. Too many short sentences can sound choppy. You can avoid this by linking your ideas to create longer sentences. Some useful linking words are:

y   pero   también   además   porque

You are staying at a hotel in Copacabana. Write a short letter to your parents, telling them about the hotel you are staying at. Tell them about accommodations, prices, and what you like about the hotel, including your room. Tell them how long you plan to stay. Remember what you have learned about letter writing.

_____

_____

_____

_____

_____

_____

_____

_____

_____

_____

13. Sobre el mundo hispánico Refer to this section of your textbook to see how much you remember.

1. La cordillera de los Andes atraviesa Chile (de norte a sur / de este a oeste).

2. El (café / vino) de Chile tiene fama internacional.

3. Argentina ocupa el (octavo / décimo) lugar entre los países más extensos.

4. La mayor parte de los habitantes de Argentina son de origen europeo, principalmente (portugueses / italianos).

5. Uruguay es el país de habla hispana más (pequeño / grande) de Sudamérica.

6. Brasil limita con todos los países sudamericanos excepto con (Colombia y Venezuela / Chile y Ecuador).

Listening Activities

1. **Entonación** Listen and repeat the following sentences, paying close attention to your pronunciation and intonation.

    1. Queremos un hotel que tenga aire acondicionado.
    2. Hay un montón de convenciones.
    3. ¿No ves que es un hotel de lujo?
    4. Tiene bañadera y ducha.
    5. ¡Ya estás planeando nuestras próximas vacaciones!

DIÁLOGOS

2. **¿Dónde nos hospedamos?** Listen to the dialogues twice, paying close attention to the speakers' intonation and pronunciation patterns. First, listen to the entire dialogue; then, as you listen for a second time, stop the recording after each sentence and repeat after the speakers.

    Listen to dialogue 1.

    Now listen to dialogue 2.

3. **Preguntas y respuestas** The speaker will ask several questions based on the dialogues. Answer each question, always omitting the subject. The speaker will verify your response. Repeat the correct answer.

PUNTOS PARA RECORDAR

4. **Subjunctive to express indefiniteness and nonexistence** Answer each question you hear according to the cue provided, using the subjunctive or the indicative as appropriate. The speaker will verify your response. Repeat the correct answer. Follow the model.

    Modelo —¿Conoces a alguien que viaje a Uruguay este verano? (no)
    —*No, no conozco a nadie que viaje a Uruguay este verano.*

5. **Familiar commands: affirmative** Answer each question you hear in the affirmative, using the **tú** command form of the verb. If a question has a direct object, substitute the appropriate direct object pronoun. The speaker will verify your response. Repeat the correct answer. Follow the model.

    Modelo —¿Traigo los folletos?
    —*Sí, tráelos.*

6. **Familiar commands: negative** Answer each question you hear in the negative, using the **tú** command form of the verb. If the question has a direct object, substitute the appropriate direct object pronoun. The speaker will verify your response. Repeat the correct answer. Follow the model.

    Modelo —¿Traigo las maletas?
    —*No, no las traigas.*

7. **Verbs and prepositions** Answer each question you hear, using the cue provided. Pay special attention to the use of prepositions. The speaker will verify your response. Repeat the correct answer. Follow the model.

  Modelo —¿Con quién se va a casar su amigo? (mi hermana)
  —*Se va a casar con mi hermana.*

8. **Ordinal numbers** The speaker will mention a month. Say which ordinal number corresponds to each month. The speaker will verify your response. Repeat the correct answer. Follow the model.

  Modelo octubre
  Octubre es el décimo mes del año.

DIÁLOGOS

9. **Más preguntas** The speaker will ask you some questions. Answer them, using the cues provided and always omitting the subject. The speaker will verify your response. Repeat the correct answer. Follow the model.

  Modelo —¿Hay alguna excursión que incluya el hotel? (sí, dos)
  —*Sí, hay dos excursiones que incluyen el hotel.*

EJERCICIOS DE COMPRENSIÓN

10. **Tres opciones** You will hear three statements about each picture. Indicate the letter of the statement that best corresponds to the picture. The speaker will verify your response.

1.

  a   b   c

2.

  a   b   c

3.

  a   b   c

4.

  a   b   c

5.

  a   b   c

6.

  a   b   c

Illustrations © Cengage Learning 2014

11. **¿Lógico o ilógico?** You will now hear some statements. Indicate **L** if the statement is logical **(lógico)** or **I** if it is illogical **(ilógico).** The speaker will verify your response.

1.	L I	6.	L I
2.	L I	7.	L I
3.	L I	8.	L I
4.	L I	9.	L I
5.	L I	10.	L I

12. **Diálogo** Listen carefully to the dialogue, and then answer the questions, omitting the subjects. The speaker will confirm your response. Repeat the correct response.

Listen to the dialogue.

Now answer the speaker's questions.

PARA ESCUCHAR Y ESCRIBIR

13. **Oraciones** The speaker will read five sentences. Listen to each sentence twice. After you listen for the first time, stop the audio and write what you have heard. Then, play the sentence for a second time to check your work and fill in what you have missed.

1. _____

2. _____

3. _____

4. _____

5. _____

LECCIÓN 13
Workbook Activities

PARA PRACTICAR

1. Graciela siempre contradice Graciela never agrees with Olga on anything. Whatever Olga says, she contradicts her. Respond to each statement, playing the role of Graciela.

1. Olga   Podemos hablar con el Dr. Peña hoy.

   Graciela No creo _____.

2. Olga   Ernesto se siente mejor.

   Graciela No es verdad _____.

3. Olga   Magali tiene apendicitis.

   Graciela Dudo _____.

4. Olga   La enfermera le pone una inyección.

   Graciela No creo _____.

5. Olga   El médico continúa atendiendo a los pacientes.

   Graciela No es cierto _____.

6. Olga   Ese hospital es muy bueno.

   Graciela No es verdad _____.

7. Olga   Le hacen radiografías.

   Graciela Dudo _____.

8. Olga   Alina siempre se desmaya.

   Graciela No creo _____.

2. ¿Qué va a pasar? Rewrite each of the following sentences, beginning with the word or phrase provided, to indicate what will happen in the future.

   Modelo   Todos los días, en cuanto llego a casa, llamo a Eva.
   Mañana, en cuanto llegue a casa, voy a llamar a Eva.

1. Cuando viene la enfermera, me pone una inyección.

   Más tarde, _____.

2. Siempre lo esperamos hasta que llega.

   Lo vamos a esperar _____.

3. Me desinfectó la herida en cuanto llegó.

   Mañana, _____.

4. La semana pasada, Roberto compró la medicina tan pronto como recibió el dinero.

   La semana próxima, _____.

5. Anoche ella me habló en cuanto me vio.

   Esta noche _____.

6. Todos los días, Teresa se va a su casa en cuanto termina.

   Mañana, _____.

3. **Nos ayudamos** (*We help each other*) Use the subjunctive after the expressions **a menos que, antes de que, para que,** and **con tal que** to complete the following sentences, to show how these people try to accommodate one another.

   1. Vamos a llamar al médico, a menos que

      tú (querer) _____ ir al hospital.

      él (preferir) _____ verlo en su casa.

      Uds. (desear) _____ esperar.

   2. Voy a limpiarle la herida antes de que

      él (llegar) _____.

      ellos (venir) _____.

      tú (salir) _____.

   3. Voy a llevarlo al hospital para que

      ellos (hacerle) _____ análisis.

      el médico (verlo) _____.

      (él) no (empeorarse) _____.

   4. Yo puedo estar allí a las diez, con tal que

      Uds. (llevarme) _____.

      tú (venir) _____ temprano.

      ella (traer) _____ su auto.

4. Servicio médico Complete the following, using the present indicative or the present subjunctive of the verbs given, to show what these people say.

1. Es verdad que este hospital (ser) _____ bueno, pero no es verdad que (ser)

    _____ el mejor de la ciudad.

2. Yo no dudo que esta ciudad (tener) _____ muy buenos hospitales, pero no

    creo que (ser) _____ baratos.

3. Tenemos que llevarlo al hospital en el coche, a menos que ellos (llamar) _____
    una ambulancia.

4. Cuando tú (ver) _____ a la enfermera, dile que necesitamos las pastillas.

5. Todos los días llamo a mis padres en cuanto (llegar) _____ a casa.

6. Dudo que ellos (servir) _____ comida a esta hora. Creo que la cafetería (estar)

    _____ cerrada.

7. Yo te voy a dar el número de teléfono del hotel para que tú me (llamar) _____.

8. Siempre cenamos tan pronto como (llegar) _____ a casa.

5. Los recién casados Sara and Pablo are newlyweds travelling in Madrid, and they always ask each other what they should do. Play the part of Sara or Pablo by answering each of the following questions. Use the first-person plural command and the cues provided. Substitute direct object pronouns for the direct object where possible.

    Modelo   ¿Qué comemos? (bistec)
               Comamos bistec.

1. ¿Por cuánto tiempo nos quedamos en Madrid? (dos semanas)

    _____

2. ¿En qué hotel nos hospedamos? (en el Alcázar)

    _____

3. ¿Con quién hablamos? (con el dueño)

    _____

4. ¿Comemos en el cuarto o en el restaurante? (en el cuarto)

    _____

5. ¿A quién le pedimos la llave? (al empleado)

    _____

6. ¿Dónde dejamos el dinero? (en la caja de seguridad)

    _____

7. ¿A qué hora nos acostamos esta noche? (temprano)

    _____

8. ¿A qué hora nos levantamos mañana? (tarde)

    _____

9. ¿Adónde vamos? (a la tienda)

    _____

10. ¿Qué compramos? (ropa y zapatos)

    _____

6. ¿Qué me preguntaste? Write the questions that elicited the following answers.

1. _____

    El catalán es un idioma que se habla en Barcelona.

2. _____

    El número de teléfono del hotel es 487–94–65.

3. _____

    Calle Estrella, número 234.

4. _____

    La paella es un plato típico de España.

7. El mensaje de Mirta Silvia received this e-mail from her cousin Mirta, but many words are missing. Help Silvia read it by supplying the missing words.

Querida prima:

La semana pasada no pude ir a verte como había planeado, porque he tenido varios problemas.

El sábado tuve un _____; mi coche _____ con otro auto y

los _____ tuvieron que llevarme a la _____ de emergencia

en una _____. Tenía una _____ en el brazo; el médico

me la _____ y me puso una inyección _____. Como me

_____ mucho la pierna, me dieron unas pastillas para el _____ y me

hicieron varias _____. Por suerte, no tenía _____, de modo que no

tuve que usar _____ para caminar. Desgraciadamente, la medicina que tomé me causó

una reacción _____ y tuve la cara _____ por dos días.

Hoy me siento mejor, y espero verte pronto.

Mirta

8. ¿Cuál no va? Circle the word or phrase that best completes each group.

1.	pierna	rodilla	corazón
2.	tobillo	dientes	boca
3.	brazo	cuello	muñeca
4.	pecho	espalda	pie
5.	médica	enfermera	árbol
6.	llorar	pasar	suceder
7.	se cayó	se golpeó	dudó
8.	radiografía	rayos X	herida
9.	lastimarse	desmayarse	perder el conocimiento
10.	cabeza	escalera	cara
11.	mano	dedos	dolor
12.	quemarse	quebrarse	romperse

9. ¿Qué pasa aquí? Look at the illustrations and answer the following questions.

1. ¿Dónde está Luis en este momento?

_____

2. ¿Qué va a hacer la enfermera?

_____

3. ¿Qué no quiere Luis?

_____

4. ¿Qué se lastimó Luis?

_____

5. ¿Luis va a necesitar muletas?

_____

6. ¿Dónde está Rita?

_____

7. ¿Rita se está poniendo el suéter o se lo está quitando?

_____

8. ¿Quién está con Rita?

_____

9. ¿Qué le va a hacer la enfermera a Rita?

_____

PARA LEER

10. Carta para Marta Read the following letter and then answer the questions.

Querida Marta:

Lo siento mucho, pero no voy a poder ir con Uds. a la playa este fin de semana porque ayer tuve un accidente. Me caí en la escalera y me fracturé una pierna.

Yo creía que solo tenía una torcedura, pero como me dolía mucho, decidí ir al hospital. Cuando llegué allí, me llevaron a la sala de rayos X, donde me hicieron varias radiografías. El médico me dijo que tenía la pierna rota. Ahora voy a tener que usar muletas por tres semanas para poder caminar.

¿Vas a venir a visitarme? Espero verte pronto.

Cariños° para todos,   _Love_

Isabel

1. ¿A quién le escribe Isabel?

_____

2. ¿Por qué no va a poder ir a la playa Isabel?

_____

3. ¿Dónde se cayó Isabel?

_____

4. ¿Qué le pasó?

_____

5. ¿Qué pensaba Isabel que tenía?

_____

6. ¿Adónde llevaron a Isabel para hacerle radiografías?

_____

7. ¿Qué supo el médico al ver las radiografías?

_____

8. ¿Qué va a tener que usar Isabel para caminar?

_____

9. ¿Por cuánto tiempo va a tener que usarlas?

_____

10. ¿A quién espera ver pronto Isabel?

_____

PARA ESCRIBIR

11. Una invitación You have now used a variety of tenses in Spanish. When writing, you have time to think about which tense to use. Remember as you complete this writing assignment that the preterit is used to express completed actions in the past, the imperfect is used for background information and actions in progress, and the perfect tenses are used much as in English. Check your work after writing, to be sure that you have used the correct tense and form.

Write a dialogue between you and a friend who has invited you to a party. Explain that you couldn't make it because you had an accident. Tell your friend what happened. Say where you were and what you were doing when the accident happened. Talk about what took place at the hospital.

_____

_____

_____

_____

_____

_____

_____

_____

_____

_____

_____

_____

_____

_____

_____

_____

_____

_____

Listening Activities

1. **Entonación** Listen and repeat the following sentences, paying close attention to your pronunciation and intonation.

    1. Hay muchos pacientes en la sala de emergencia.
    2. Mi coche chocó con un árbol.
    3. Vamos a hacerle unas radiografías.
    4. Va a limpiarle y desinfectarle la herida.
    5. Creo que tengo apendicitis.

DIÁLOGOS

2. **En un hospital en Madrid** Listen to the dialogues twice, paying close attention to the speakers' intonation and pronunciation patterns. First, listen to the entire dialogue; then, as you listen for a second time, stop the recording after each sentence and repeat after the speakers.

3. **Preguntas y respuestas** The speaker will ask several questions based on the dialogues. Answer each question, always omitting the subject. The speaker will verify your response. Repeat the correct answer.

PUNTOS PARA RECORDAR

4. **Subjunctive to express doubt, disbelief, and denial** Change each statement you hear, using the cue provided. The speaker will verify your response. Repeat the correct answer. Follow the model.

    Modelo   El médico está aquí. (No creo)
    No creo que el médico esté aquí.

5. **Subjunctive with certain conjunctions** Change each statement you hear, using the cue provided. The speaker will verify your response. Repeat the correct answer. Follow the model.

    Modelo   Le hablo cuando lo veo. (Le voy a hablar)
    Le voy a hablar cuando lo vea.

6. **First-person plural commands** Answer each question you hear, using the first-person plural command form and the cue provided. The speaker will verify your response. Repeat the correct answer. Follow the model.

    Modelo   —¿Con quién hablamos? (con el dueño)
    —Hablemos con el dueño.

7. Más preguntas The speaker will ask you some questions. Answer, using the cues provided and always omitting the subject. The speaker will verify your response. Repeat the correct answer. Follow the model.

> Modelo —Cuando Ud. vaya de vacaciones, ¿se va a quedar en un hotel o en casa de un amigo? (en casa de un amigo)
> —*Me voy a quedar en casa de un amigo.*

8. Tres opciones You will hear three statements about each picture. Indicate the letter of the statement that best corresponds to the picture. The speaker will verify your response.

1.

a   b   c

2.

a   b   c

3.

a   b   c

4.

a   b   c

5.

a   b   c

6.

a   b   c

Illustrations © Cengage Learning 2014

9. ¿Lógico o ilógico? You will now hear some statements. Indicate **L** if the statement is logical **(lógico)** or **I** if it is illogical **(ilógico).** The speaker will verify your response.

1. L I   6. L I
2. L I   7. L I
3. L I   8. L I
4. L I   9. L I
5. L I   10. L I

10. Diálogo Listen carefully to the dialogue, and then answer the questions, omitting the subjects. The speaker will confirm your response. Repeat the correct response.

Listen to the dialogue.

Now answer the speaker's questions.

PARA ESCUCHAR Y ESCRIBIR

11. Oraciones The speaker will read five sentences. Listen to each sentence twice. After you listen for the first time, stop the audio and write what you have heard. Then, play the sentence for a second time to check your work and fill in what you have missed.

1. _____

2. _____

3. _____

4. _____

5. _____

LECCIÓN 14
Workbook Activities

PARA PRACTICAR

1. ¿Qué pasará? Complete the chart below with verb forms in the future tense.

Infinitive	yo	tú	Ud., él, ella	nosotros(as)	Uds., ellos(as)
1. ayudar					
2. decir	diré				
3. hacer		harás			
4. querer			querrá		
5. saber				sabremos	
6. poder					podrán
7. salir	saldré				
8. poner		pondrás			
9. venir			vendrá		
10. tener				tendremos	
11. ir					irán

2. De vacaciones Gabriel and Adrián are planning a fabulous vacation. Complete their conversation by giving the future of the verbs in parentheses.

GABRIEL   En un mes nosotros (tener) _____ vacaciones y (estar) _____

en Barcelona.

ADRIÁN   (ser) _____ fabuloso. Yo (poder) _____ ver a mis tíos y tú

(ir) _____ a acampar con tus primos.

GABRIEL   ¿Cuándo (salir: nosotros) _____ para Barcelona?

ADRIÁN   Probablemente, el 6 de julio. Yo lo (saber) _____ el próximo sábado.

GABRIEL   Perfecto, les (decir) _____ a mis primos que preparen las tiendas de campaña.

ADRIÁN   Mi hermana (venir) _____ a verme mañana y me (traer) _____

una maleta porque yo solo tengo una y pienso llevar mucha ropa. Oye, ¿qué

(hacer) _____ tú mañana?

GABRIEL   ¡Yo (venir) _____ a visitarte para ver a tu hermana!

3. Nadie está de acuerdo The following is what Luis plans to do, but nobody agrees with him. Say what everybody else would do instead, using the conditional tense and the cues provided.

1. Luis piensa comprar agua oxigenada. (Yo / un desinfectante)

   _____

2. Luis piensa llevar la receta *(prescription)* a la farmacia hoy. (tú / mañana)

   _____

3. Luis piensa venir antes de dos semanas. (Ester / un mes)

   _____

4. Luis piensa salir a las ocho. (nosotros / a las diez)

   _____

5. Luis piensa decir que sí. (ellos / que no)

   _____

6. Luis piensa tomar un jarabe. (Uds. / unas pastillas)

   _____

7. Luis piensa ir al médico mañana. (Ud. / hoy mismo)

   _____

8. Luis piensa hablar con la enfermera. (Sergio / el médico)

   _____

4. Para completar Complete the following chart with verb forms in the imperfect subjunctive.

Infinitive	yo	tú	Ud., él, ella	nosotros(as)	Uds., ellos(as)
1. hablar	hablara	hablaras	hablara	habláramos	hablaran
2. cerrar	cerrara				
3. volver			volviera		volvieran
4. pedir		pidieras			pidieran
5. dormir				durmiéramos	
6. ir			fuera		fueran
7. dar				diéramos	
8. estar			estuviera		
9. decir		dijeras			dijeran
10. venir			viniera	viniéramos	
11. querer			quisiera		
12. ser	fuera				fueran
13. tener		tuvieras			
14. conducir			condujera		condujeran
15. poner		pusieras		pusiéramos	
16. hacer					hicieran
17. saber		supieras			

5. ¿Qué dijeron? Here are several statements that people made last year. Keeping in mind that this was in the past, change the verbs to the imperfect subjunctive according to the new beginning.

> **Modelo** Quiero que vayas conmigo. Quería...
> *Quería que fueras conmigo.*

1. Me piden que les dé el termómetro.

   Me pidieron _____.

2. Te sugiero que los lleves al hospital.

   Te sugerí _____.

3. No hay nadie que pueda ponerme una inyección.

   No había nadie _____.

4. Yo no creo que sepas hacer eso.

   Yo no creía _____.

5. Ellos dudan que Elsa quiera llevarme al consultorio.

   Ellos dudaban _____.

6. Esperan que nos mejoremos.

   Esperaban _____.

7. Me alegro de que él sea mi médico.

   Me alegré _____.

8. ¿Hay alguien que conozca a ese cirujano?

   ¿Había alguien _____?

9. Ellos insisten en que yo venga a visitarlos.

   Ellos insistieron _____.

10. Los llamo para que traigan el termómetro.

    Los llamé _____.

6. Si... Complete the following to indicate what people will do or would do according to circumstances. Use the present indicative or the imperfect subjunctive as appropriate.

> **Modelo** Yo compraría una casa... (tener dinero)
> *Yo compraría una casa si tuviera dinero.*

1. Yo iré a visitar a mi padre en el hospital... (tener tiempo)

   _____

2. José comprará las medicinas hoy... (poder)

_____

3. Nosotros pediríamos un turno para hoy... (no ser sábado)

_____

4. Tú te empeorarías... (no descansar)

_____

5. Uds. llevarían al niño al pediatra... (tener fiebre)

_____

6. Aurora irá al ginecólogo... (estar embarazada)

_____

7. Crucigrama

HORIZONTAL

4. especialista de niños
9. cita
11. Compré _____ oxigenada.
13. especialista de la piel *(skin)*
15. Voy a verlo si tengo problemas con los ojos.
19. Debe hacerlo hoy _____.
20. La pulmonía es una _____ grave.
21. *Tums* es un _____.
22. Tiene la _____ alta.

VERTICAL

1. Tiene _____. Tiene una temperatura de 102 grados.
2. Necesito tomar un _____ para la tos.
3. opuesto de empeorarse
5. oficina del médico
6. Va a tener un bebé *(baby)*; está _____.
7. Sus pacientes son mujeres.
8. No tengo _____ médico.
10. grave
12. Necesito el _____ para saber si tengo fiebre.
13. Tiene _____ de garganta.
14. El médico me va a _____ un antibiótico.
16. sedativo
17. Voy a la _____ para comprar las medicinas.
18. Tose mucho. Tiene mucha _____.

8. Conversaciones breves Complete what these people say by matching the questions in column **A** with the answers in column **B**.

A
1. _____ ¿Necesita mi tarjeta de seguro médico?
2. _____ ¿Fuiste al médico?
3. _____ ¿Vas a ir al dermatólogo?
4. _____ ¿Dónde está el esparadrapo?
5. _____ ¿Qué te dijo el médico?
6. _____ ¿La enfermera te pesó?
7. _____ ¿Es una enfermedad grave?
8. _____ ¿Puedes traerme el agua oxigenada?
9. _____ ¿Qué tomaste para el dolor?
10. _____ ¿Para qué fuiste a la farmacia?

B
a. Para comprar algodón y vendas.
b. En el botiquín.
c. Que me cuidara.
d. Sí, aquí la tienes.
e. Sí, y contagiosa.
f. Sí, la necesito.
g. Un calmante.
h. Sí, y me hizo un buen chequeo.
i. Sí, y me tomó la presión.
j. Sí, tengo acné.

9. ¿Qué dice aquí? Read this ad that appeared in a Spanish newspaper, and then answer the following questions based on the information provided.

1. ¿Cómo se llama el centro médico?

_____

2. Si mi esposa y mis hijos tienen problemas de salud *(health)*, ¿puedo llevarlos al centro médico? ¿Por qué?

_____

3. Mi hija necesita hacerse una radiografía. ¿Puede hacérsela en el centro médico? ¿Por qué?

_____

4. Mi esposa cree que está embarazada. ¿Qué puede hacerse en el centro médico?

_____

5. ¿A qué especialista puede ir a ver?

   _____

6. Si una persona tiene problemas del corazón, ¿qué pueden hacerle en el centro médico?

   _____

7. Hace mucho tiempo que no voy al médico. ¿Qué debo ir a hacerme en el centro médico?

   _____

8. ¿Aceptarán mi seguro en el centro médico?

   _____

9. ¿Qué días de la semana puedo ir al centro médico?

   _____

10. ¿Dónde está el centro médico? ¿Cuál es el teléfono?

    _____

I.N.A.M.

INSTITUTO NACIONAL DE ANÁLISIS MÉDICOS

Para el cuidado médico de toda la familia

- Medicina general
- Análisis
- Rayos X
- Papanicolau
- Chequeos médicos
- Electrocardiogramas
- Ginecología
- Pruebas de embarazo

Aceptamos todo tipo de seguro médico.
Consultas de lunes a viernes.

Llámenos o visite nuestro moderno centro médico.

800-SALUD   **Gran Vía 1000**

© Cengage Learning 2014

PARA LEER

10. Un diario Read the following diary excerpts, and then answer the questions.

DEL DIARIO DE ROSAURA

24 de septiembre

Anoche me sentí muy mal toda la noche. Me dolían mucho los oídos y la cabeza y tenía mucha fiebre. Tomé dos aspirinas y me acosté.

Hoy me levanté muy temprano y, como todavía° tengo fiebre, voy a ir al médico.　　　　　　　　　　　　　　　　　　　　　　　　°still

25 de septiembre

Ayer fui al médico; me examinó y me dijo que tenía una infección en los oídos y que por eso me dolían tanto. Me recetó penicilina; por suerte, yo no soy alérgica a ninguna medicina. También me recetó un jarabe para la tos.

No pude comprar las medicinas porque ya eran más de las ocho cuando salí del consultorio, y las farmacias cierran a las ocho. Espero sentirme mejor mañana.

1. ¿Cómo se sintió Rosaura toda la noche?

   _____

2. ¿Qué le dolía a Rosaura?

   _____

3. ¿Qué tomó Rosaura para la fiebre?

   _____

4. ¿Por qué va a ir ella al médico?

   _____

5. ¿Qué le dijo el médico después de examinarla?

   _____

6. ¿A qué medicinas es alérgica Rosaura?

   _____

7. ¿Qué le recetó el doctor a Rosaura para la infección en los oídos? ¿Para la tos?

   _____

8.   ¿Qué hora era cuando Rosaura salió del consultorio del médico?

_____

9.   ¿A qué hora cierran las farmacias?

_____

10. ¿Qué espera Rosaura?

_____

PARA ESCRIBIR

11. Una carta formal When you write a more formal note or letter, use the following salutation and closing. Also, remember to address the person you are writing to as **Ud.**

Estimado(a) señor(a) / profesor(a) + *name*	*Dear...*
Atentamente,	*Sincerely,*

You have to miss an exam because you are sick. Write a note to your professor, explaining your reasons for missing the exam. Say what your symptoms are and what you are doing about your sickness. Be convincing! Also, be sure to ask when you can take the exam.

_____

_____

_____

_____

_____

_____

_____

_____

_____

_____

_____

_____

_____

12. Sobre el mundo hispánico Refer to this section of your textbook to see how much you remember.

1. ¿Qué países forman la Península Ibérica?

   _____

2. ¿Qué separa a España de Francia?

   _____

3. ¿Qué sistema de gobierno tiene España?

   _____

4. ¿Qué museo famoso está en Madrid?

   _____

5. ¿Cuál es la segunda ciudad más grande de España?

   _____

6. ¿Cuáles son las ciudades más importantes del sur de España?

   _____

7. ¿Qué influencia se ve en estas ciudades?

   _____

8. ¿En qué plaza están representadas escenas históricas de toda España?

   _____

9. ¿Cuál es la música típica de Andalucía?

   _____

Listening Activities

1. **Entonación** Listen and repeat the following sentences, paying close attention to your pronunciation and intonation.

    1. Yo te recomendaría que fueras al médico.
    2. El doctor Rivas está en su consultorio y te puede examinar.
    3. Lo que yo tengo, ¿es una enfermedad contagiosa?
    4. La enfermera me preguntó si estaba embarazada.
    5. Yo iré a tu casa y te llevaré a la fuerza.

2. **Cuatro mensajes** Listen to the e-mails twice, paying close attention to the speakers' intonation and pronunciation patterns. First, listen to the entire e-mail; then, as you listen for a second time, stop the recording after each sentence and repeat after the speakers.

3. **Preguntas y respuestas** The speaker will ask several questions based on the e-mails. Answer each question, always omitting the subject. The speaker will verify your response. Repeat the correct answer.

PUNTOS PARA RECORDAR

4. **Future tense** The speaker will read several sentences. Change the verb in each sentence to the future tense. The speaker will verify your response. Repeat the correct answer. Follow the model.

    Modelo   Voy a hablar con ellos.
    Hablaré con ellos.

5. **Conditional tense** Change the verbs in each statement you hear to the conditional tense, and use the cue provided to say what the people mentioned would do differently. If the sentence includes a direct or indirect object, substitute the appropriate pronoun. The speaker will verify your response. Repeat the correct answer. Follow the model.

    Modelo   Ana va a Madrid. (ellos / a Barcelona)
    Ellos irían a Barcelona.

6. **Imperfect subjunctive** Change each statement you hear so that it describes the past, using the cue provided. The speaker will verify your response. Repeat the correct answer. Follow the model.

    Modelo   Yo quiero que tú vuelvas. (yo quería)
    Yo quería que tú volvieras.

7. ***If*-clauses** Change each statement you hear to describe a situation that is hypothetical or contrary to fact, using the cue provided. The speaker will verify your response. Repeat the correct answer. Follow the model.

    Modelo   Iré si puedo. (iría)
    Iría si pudiera.

8. Más preguntas The speaker will ask you some questions. Answer, using the cues provided and always omitting the subject. The speaker will verify your response. Repeat the correct answer. Follow the model.

> Modelo — Si Ud. se sintiera mal, ¿adónde iría? (al médico)
> — *Iría al médico.*

EJERCICIOS DE COMPRENSIÓN

9. Tres opciones You will hear three statements about each picture. Indicate the letter of the statement that best corresponds to the picture. The speaker will verify your response.

1.

a b c

2.

a b c

3.
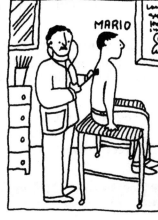
a b c

4.

a b c

5.

a b c

6.

a b c

Illustrations © Cengage Learning 2014

10. ¿Lógico o ilógico? You will now hear some statements. Indicate **L** if the statement is logical (**lógico**) or **I** if it is illogical (**ilógico**). The speaker will verify your response.

1. L I	6. L I	
2. L I	7. L I	
3. L I	8. L I	
4. L I	9. L I	
5. L I	10. L I	

11. Diálogo Listen carefully to the dialogue, and then answer the questions, omitting the subjects. The speaker will confirm your response. Repeat the correct response.

Listen to the dialogue.

Now answer the speaker's questions.

PARA ESCUCHAR Y ESCRIBIR

12. Oraciones The speaker will read five sentences. Listen to each sentence twice. After you listen for the first time, stop the audio and write what you have heard. Then, play the sentence for a second time to check your work and fill in what you have missed.

1. _____

2. _____

3. _____

4. _____

5. _____

Apuntes

Apuntes

Apuntes

Apuntes

Apuntes

Apuntes

Apuntes

Apuntes

Apuntes